ダーリンの東京散歩

歩く

小栗左多里＆トニー・ラズロ

小学館

プロローグ
私《わたし》とトニーは よく散歩《さんぽ》します
すると
Yakult
「ヤクルト」って エスペラント語《ご》で 「ヨーグルト」って意味《いみ》なんだよ
エスペラント語《ご》とは 人工言語《じんこうげんご》のこと
語学好きが 行き着く場所 だという…
そう
トニーはいわゆる 「語学《ごがく》オタク」
母語《ぼご》の英語《えいご》をはじめ 日本語《にほんご》・中国語《ちゅうごくご》・ スペイン語《ご》など 語学大好《ごがくだいす》き
今はベルリンに 住んでるから ドイツ語を 中心に
すべて独学
くずもち
そして
「くず」って アメリカで 増《ふ》えちゃって 大変《たいへん》なんだよ
向こうは食べる 習慣ないから
いろんなことを 知《し》っています
私《わたし》もベルリンで わかったことなど ありまして
鶏《とり》のひき肉《にく》がない!!
そんな私《わたし》たちが 東京《とうきょう》を歩《ある》きながら 広《ひろ》がる世界《せかい》を 描《えが》いていきたいと 思《おも》います
よろしくお願いします

はじめに

人間はなぜ歩くのか。

ことわざによっては「人生を楽しむため」（ギリシャ語）、「時の砂に足跡を残すように」（英語）、そして「道のないところで道を作るため」（スペイン語）がある。

僕たちには別の理由があった。それは、「世界を見つけるため」。三越前のあのライオンはどこから来たのか。「ラムネ」「サイダー」ってどんな意味？「しがらみ」が生まれたのは川の中…。

不思議なことに東京の「これ」が、海の向こうの「あれ」とつながることがある。語源や由来を知れば、視野はもっと広がっていく。

そんな気持ちで散歩しまくった。

みなさんには、居心地のいいどこかで、お茶でも片手に、この本で一緒に味わってもらいたい。

さあ、出発しよう！

小栗左多里
トニー・ラズロ

もくじ

第2章

流れる川、変わりゆく街……41

表紙デザイン案 小栗左多里
ブックデザイン 阿部智佳子
編集協力 大嶋峰子

第1章

芸と技と
可愛らしさと

浅草寺から始まる、占いクッキーの秘密

一目ボレした魅惑のデザインとは

第1話　ツルカメ三味線

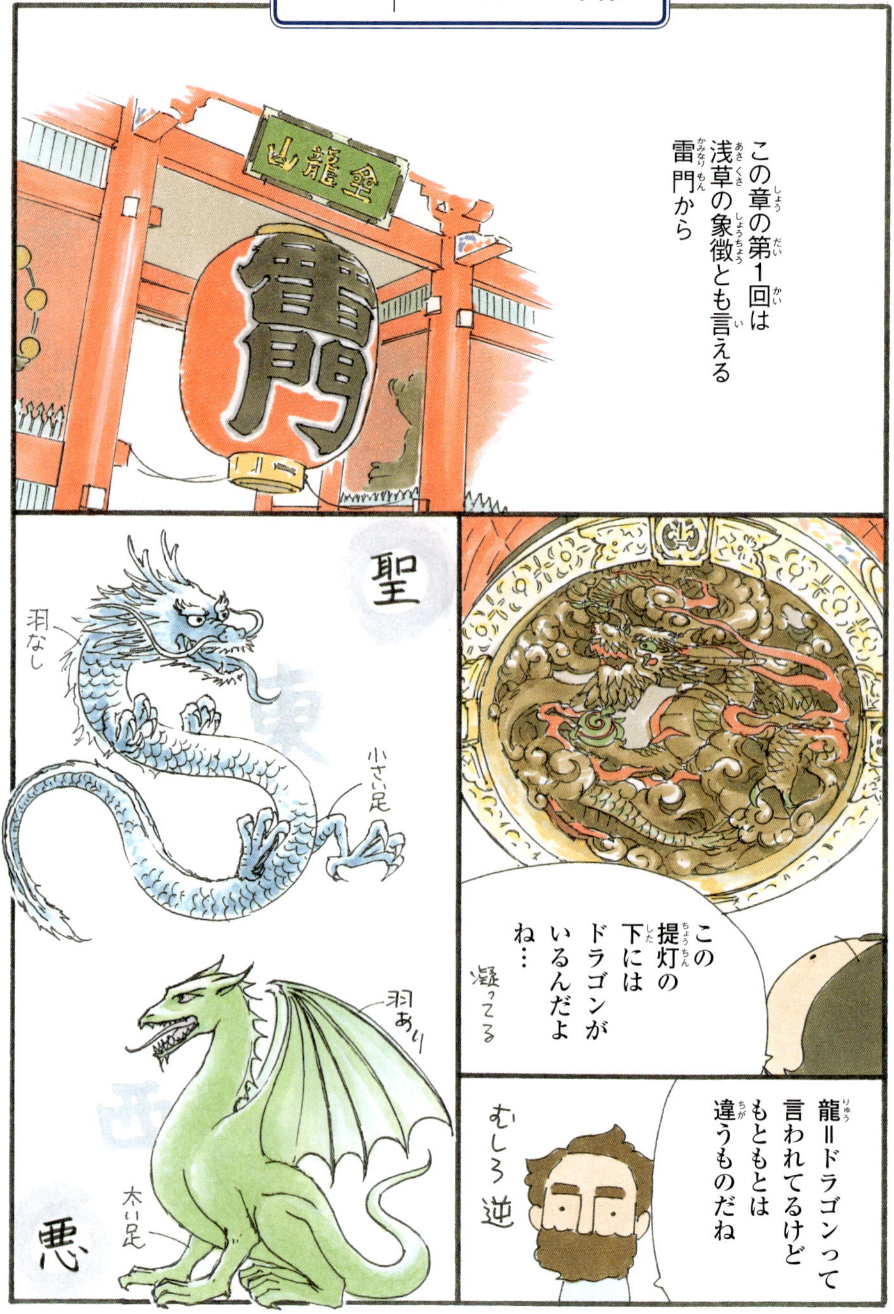

金龍山
雷門
この章《しょう》の第《だい》1回《かい》は浅草《あさくさ》の象徴《しょうちょう》とも言《い》える雷門《かみなりもん》から
この提灯《ちょうちん》の下《した》にはドラゴンがいるんだよね…
凝ってる
龍《りゅう》＝ドラゴンって言われてるけどもともとは違《ちが》うものだね
むしろ逆
聖
東
羽なし
小さい足
羽あり
西
太い足
悪

さっそく浅草寺《せんそうじ》の境内《けいだい》へ
あやっぱりドラゴンだ
そういえば「ドラゴン」と「ドラキュラ」って同《おな》じ言葉《ことば》だよ
ええっ
ええええ
バシャ
ふきふき
「ドラキュラ」＝ルーマニア語《ご》で「ザ・ドラゴン」
小説《しょうせつ》「吸血鬼《きゅうけつき》ドラキュラ」は1897年《ねん》アイルランド人作家《じんさっか》ブラム・ストーカーの作品《さくひん》
モデルはヴラド三世《さんせい》
1431～1476年
串刺し刑をしていたので「串刺し公」とも呼ばれる
父親《ちちおや》が「ドラゴン騎士団《きしだん》」にいたためヴラド三世《さんせい》は「ドラキュラ」と呼《よ》ばれていた
ハンガリー王が結成した
400年後《ねんご》にブラムが「吸血鬼《きゅうけつき》」のモデルを探《さが》していて「残虐《ざんぎゃく》だった」というヴラド三世《さんせい》にした
ルーマニアでは英雄《えいゆう》だし長《なが》い間《あいだ》「吸血鬼《きゅうけつき》ドラキュラ」は発売《はつばい》されなかったんだ
本堂《ほんどう》へ

おみくじ引《ひ》こうか
ザッ
カラン
ここのは「凶《きょう》が3割《わり》あって多《おお》い」らしいし
あっ「大吉《だいきち》」
「末小吉《すえしょうきち》」
凶
凶
しかし編集《へんしゅう》の坂《ばん》さんと大嶋《おおしま》さんはこのチームは凶率《きょうりつ》50％
ひっくり返《かえ》して「×《バツ》」出《だ》したらいいよ
いいもの入れられる
アメリカっておみくじないよね
みんなイヤがるね特《とく》に宗教《しゅうきょう》を重《おも》んじる人《ひと》はイヤがる割合《わりあい》が高《たか》いと思《おも》う
でも新聞に星座占いは載ってたりするよ
フォーチュンクッキーは人気《にんき》あるんじゃない？
ことわざや数字が書いてある
61 19 29 47
このラッキーナンバーで宝くじを買って大当たりした人もいる
You will broaden your horizons
あなたの可能性が広がるでしょう
Look before you leap
跳ぶ前に見よ
（先に進む）
中華《ちゅうか》レストランで必《かなら》ずと言《い》っていいくらい最後《さいご》に出《で》てくるね

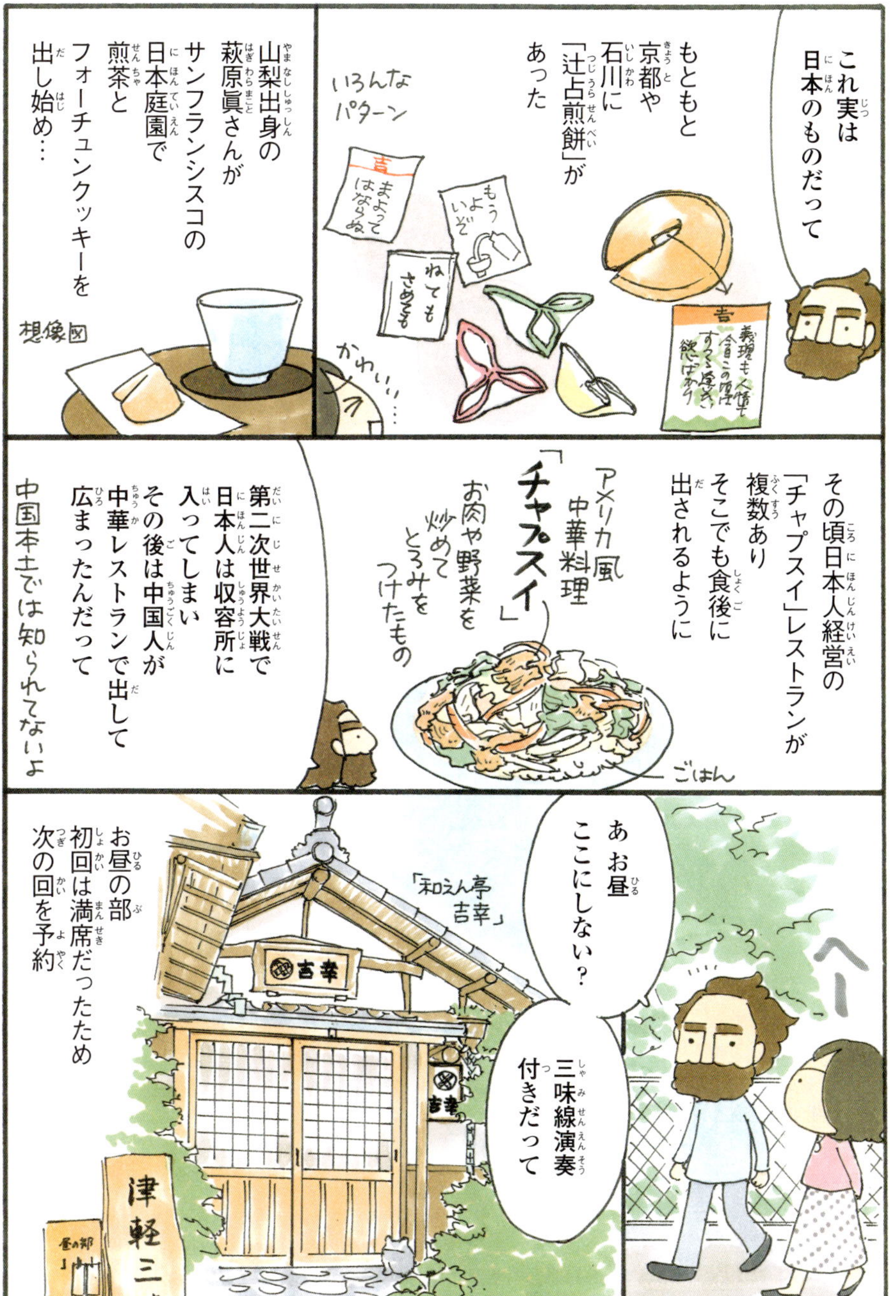

これ実《じつ》は
日本《にほん》のものだって
もともと
京都《きょうと》や
石川《いしかわ》に
「辻占煎餅《つじうらせんべい》」が
あった
いろんなパターン
吉
まよってはならぬ
もうよいぞ
ねてもさめても
かわいい…
山梨出身《やまなししゅっしん》の
萩原眞《はぎわらまこと》さんが
サンフランシスコの
日本庭園《にほんていえん》で
煎茶《せんちゃ》と
フォーチュンクッキーを
出《だ》し始《はじ》め…
想像図
その頃《ころ》日本人経営《にほんじんけいえい》の
「チャプスイ」レストランが
複数《ふくすう》あり
そこでも食後《しょくご》に
出《だ》されるように
アメリカ風
中華料理
「チャプスイ」
お肉や野菜を
炒めて
とろみを
つけたもの
ごはん
第二次世界大戦《だいにじせかいたいせん》で
日本人《にほんじん》は収容所《しゅうようじょ》に
入《はい》ってしまい
その後《ご》は中国人《ちゅうごくじん》が
中華《ちゅうか》レストランで出《だ》して
広《ひろ》まったんだって
中国本土では知られてないよ
あ
お昼《ひる》
ここにしない？
三味線演奏《しゃみせんえんそう》
付《つ》きだって
へー
「和えん亭
吉幸」
吉幸
お昼《ひる》の部《ぶ》
初回《しょかい》は満席《まんせき》だったため
次《つぎ》の回《かい》を予約《よやく》
昼の部
津軽三味

演奏《えんそう》の前《まえ》にまずご飯《はん》
満足！
食後《しょくご》にライブスタート
迫力!!
お店《みせ》で働《はたら》く民謡《みんよう》歌手《かしゅ》の新人《しんじん》さんも参加《さんか》
初々しいかつうまい！
「亭主《ていしゅ》」福居《ふくい》さん実《じつ》は吉幾三《よしいくぞう》さんのツアーメンバーでもあります
店名も吉さんにつけていただきました
外国人客《がいこくじんきゃく》も多《おお》く福居《ふくい》さんは簡単《かんたん》な英語《えいご》もＯＫ
That was very special.
演奏よかったです
Thank you!

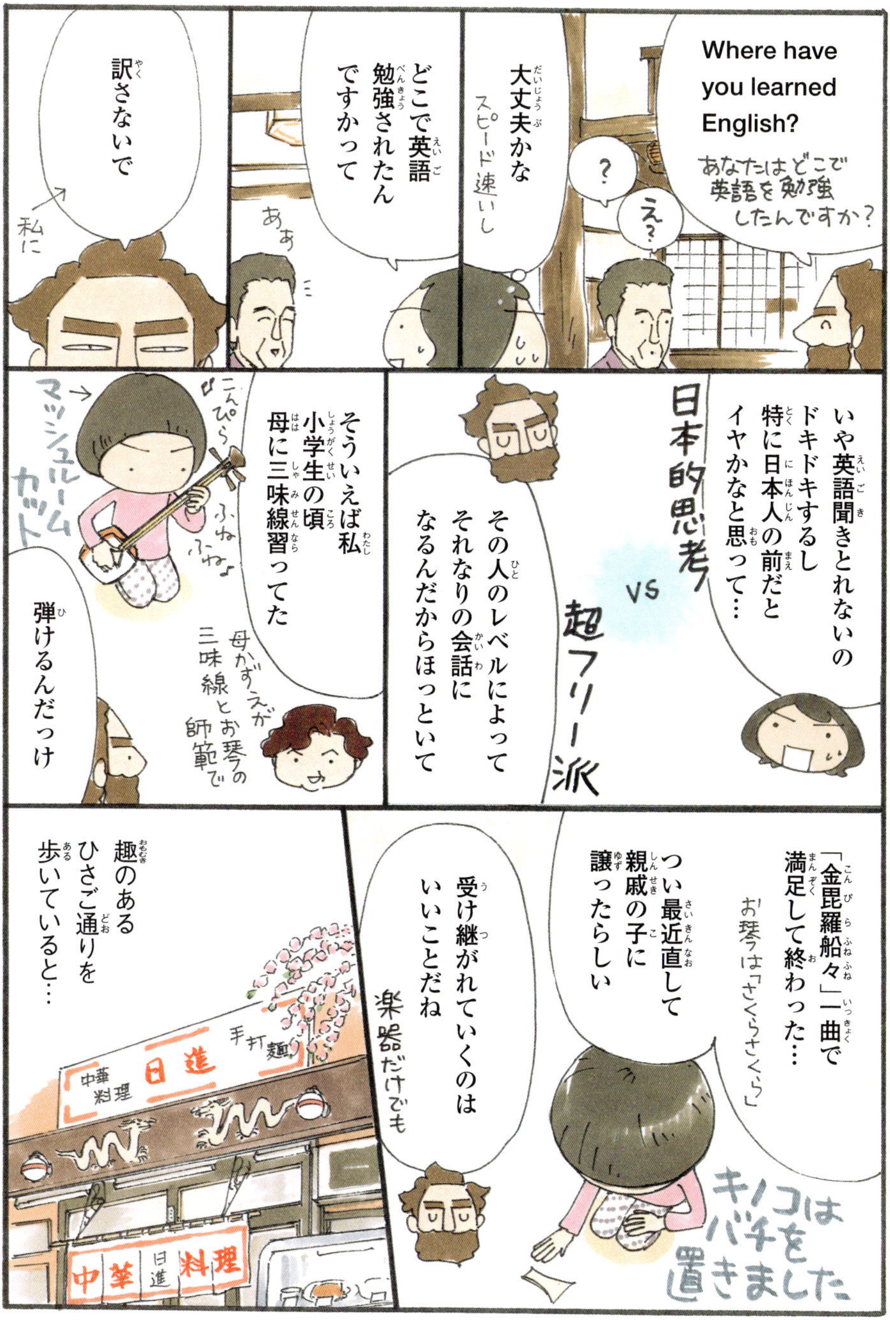
Where have you learned English?
あなたはどこで英語を勉強したんですか？
？
え？
大丈夫《だいじょうぶ》かな
スピード速いし
どこで英語《えいご》勉強《べんきょう》されたんですかって
ああ
訳《やく》さないで
私に
日本的思考
VS
超フリー派
いや英語《えいご》聞《き》きとれないのドキドキするし特《とく》に日本人《にほんじん》の前《まえ》だとイヤかなと思《おも》って…
その人《ひと》のレベルによってそれなりの会話《かいわ》になるんだからほっといて
そういえば私《わたし》小学生《しょうがくせい》の頃《ころ》母《はは》に三味線《しゃみせん》習《なら》ってた
母かずえが三味線とお琴の師範で
こんぴら
ふねふね
マッシュルームカット
弾《ひ》けるんだっけ
「金毘羅船々《こんぴらふねふね》」一曲《いっきょく》で満足《まんぞく》して終《お》わった…
お琴は「さくらさくら」
つい最近直《さいきんなお》して親戚《しんせき》の子《こ》に譲《ゆず》ったらしい
キノコはバチを置きました
受《う》け継《つ》がれていくのはいいことだね
楽器だけでも
趣《おもむき》のあるひさご通《どお》りを歩《ある》いていると…
中華料理 日進 手打麺
中華 日進 料理

江戸《えど》下町《したまち》伝統《でんとう》工芸館《こうげいかん》だって
市価の半額からスタート
桐
オークションになってるんだね
ふすまの引《ひ》き手《て》セット！
茶釜？
1階《かい》には普通《ふつう》に買《か》えるコーナーがあり
こっ…これ欲《ほ》しい!!
大矢製作所 銅おろし金 ツル
→目立ては手作業
これで銅製《どうせい》？
銅《どう》に錫《すず》メッキ
だって
錫《すず》
奈良時代に中国からお茶とともに伝えられたという
カメもいる
茶筒が錫
ツル購入《こうにゅう》
さすがの切《き》れ味《あじ》!!
目が微妙に不規則なのもいいらしい

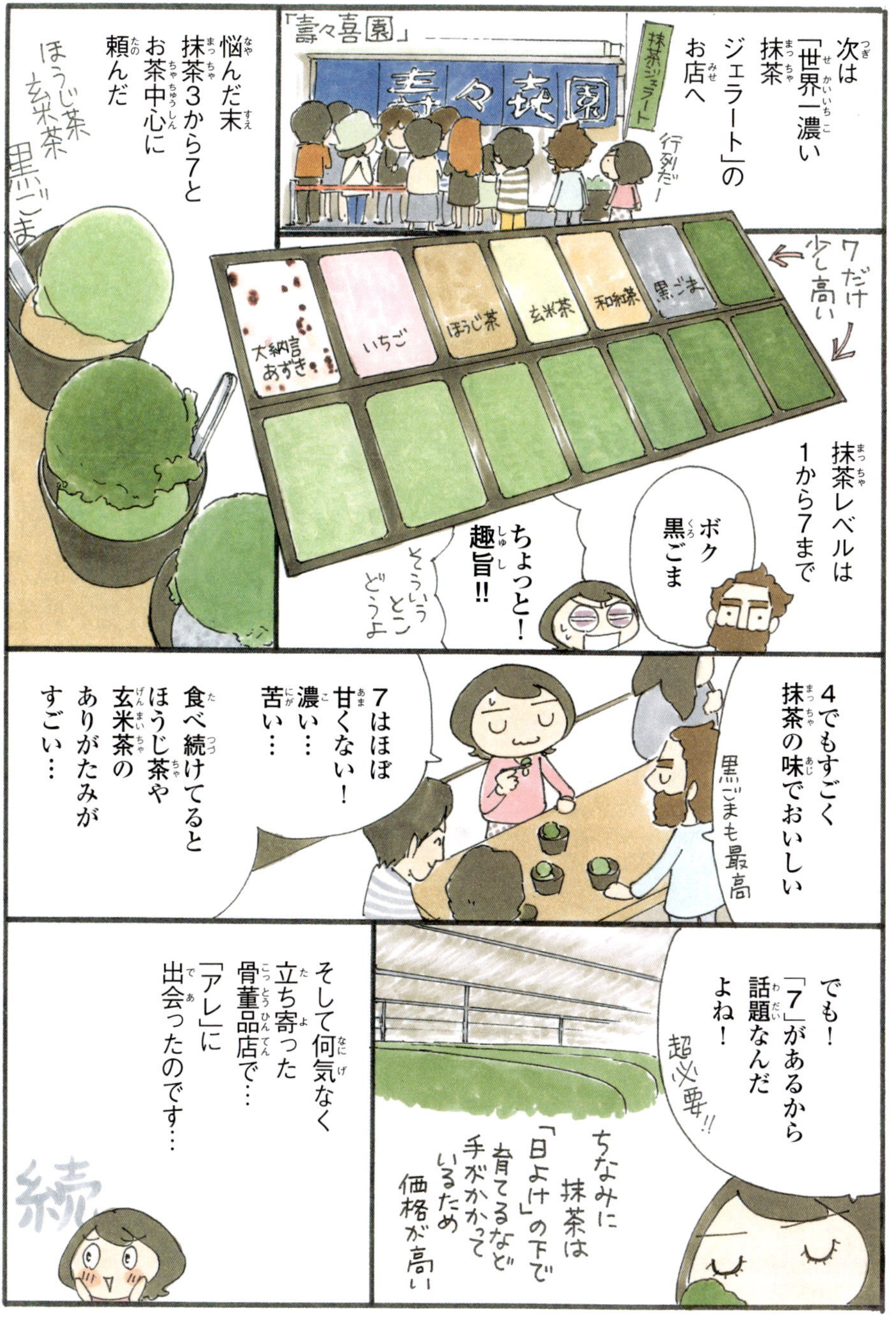

次《つぎ》は「世界一濃《せかいいちこ》い抹茶《まっちゃ》ジェラート」のお店《みせ》へ
「壽々喜園」
壽々喜園
抹茶ジェラート
行列だ!
悩《なや》んだ末《すえ》抹茶《まっちゃ》3から7とお茶中心《ちゃちゅうしん》に頼《たの》んだ
ほうじ茶
玄米茶
黒ごま
7だけ少し高い
大納言あずき
いちご
ほうじ茶
玄米茶
和紅茶
黒ごま
抹茶《まっちゃ》レベルは1から7まで
ボク黒《くろ》ごま
ちょっと!趣旨《しゅし》!!
そういうとこどうよ
4でもすごく抹茶《まっちゃ》の味《あじ》でおいしい
黒ごまも最高
7はほぼ甘《あま》くない!濃《こ》い…苦《にが》い…
食《た》べ続《つづ》けてるとほうじ茶《ちゃ》や玄米茶《げんまいちゃ》のありがたみがすごい…
でも!「7」があるから話題《わだい》なんだよね!
超必要!!
ちなみに抹茶は「日よけ」の下で育てるなど手がかかっているため価格が高い
そして何気《なにげ》なく立《た》ち寄《よ》った骨董品店《こっとうひんてん》で…「アレ」に出会《であ》ったのです…
続

引かない、引かない

「悪魔がいる」。教会などでそう言われていた僕は、（ある程度）素直な若者だったので、これを信じていた。そして、「悪魔の仕業」として紹介されていたいろいろなことを気にしていた。その中に占いがあった。それほど悪いものか、と疑問を持ちながらもそれを避けていた。

　と言っても、どこからどこまでが占いなのか。プロがやる手相はもちろんその範疇に入るが、「天秤座の人は、今日素敵な出会いが期待できるかも」というような星占いは？　毎日、朝刊に載っている以上、それほどいけないものではないはず。それとも……悪魔の手はそこまで及ぶのか？　フォーチュンクッキーはどうか？　その内容は星占いとよく似ていたり、定番のことわざだったり、ジョークという場合もあった。

　どうすべきかはよくわからず、星占いを読まないようにし、フォーチュンクッキーを単なる遊びとして考え、それを良

線も弦も、ほどほどに

親のため息を聞きたかったわけではない。

　少なくとも、11歳の僕が蚤《のみ》の市で「ツィター」を買って帰ってきたのは、それが理由ではなかった。

　ツィターとは、テーブルの上に置いて奏でる弦楽器で、ハープとギターが合体したようなもの。弦の数は30本以上あって、多い。……多い！　これほど多いとなると、たえず調整をしなくてはならない。この楽器を１００円くらいで買ったのに、約半分の弦はなかったので、それらを買う代金のほうが高かった。売っている店も少ない。でも、弦を買って張り替え、弾いては調整し、調整しては弾く。面倒くさい！

　一方、三味線。３本の弦だけの、かっこいい三味線。ツィターのあと、このような「レスイズモア」的な楽器がほしくなる。

　来日して、中古の楽器店で何度か見て、何度か手に入れようと考えた。でも躊躇

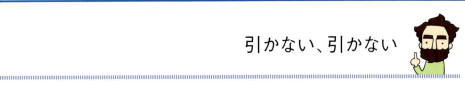

Tony's column

しとした。
このような感覚を持ったまま来日して、おみくじを見てびっくりした。これは、星占いにもフォーチュンクッキーにも似た、一種の占いだろう。神社という、僕が体験した教会に匹敵する場所が、占いを禁止にしないどころか、それを自ら行っているではないか。自分がくじを引くには至らなかったものの、長年持ち続けた固定観念にヒビが入り始めた。
おみくじを初めて見てから30年くらいが経つ。新聞に載っている星占いには目をやらないし、(仕事以外で)おみくじに手を出さないし、手相を人に読んでもらう気にはならない。
占いは何なのか？　一種の娯楽？　運勢？　神からのアドバイス？　僕にはよくわからない。「悪魔の仕業」ではなく、害のあるものではないことは確か。許されるべきものだ。
ただ、あまり僕の近くでやらないで、ね。

した。問題は、それまでの楽器購入歴。
実は、自分が買って放棄したのはツィターのほかにギターやバンジョー、各種フルートやドラム、それにハーモニカもあった。はい、僕には「楽器衝動買い症候群」という珍しい症状がある。時間はかかったが、ある日それに気づき始めた。残念ながら、その「ある日」は三味線に手を出す直前だった。
息子は幸い、楽器衝動買いのくせを受け継いだ気配は今のところない。とはいえ、小学校で一年間オーケストラの楽器を習うようになっていて、多くの仲間がトランペットやサックスを選んだところ、彼一人だけはコントラバスを。弦の数は……無難な数字の「4」。三味線の「3」と隣り合わせ。いいぞ。レスイズモア。
そのうち息子が箏《こと》を持って帰ってきてしまったら？　いいじゃない。反対はしない。
微かなため息が出るだけ。

第2話　風鈴と花詰カップ

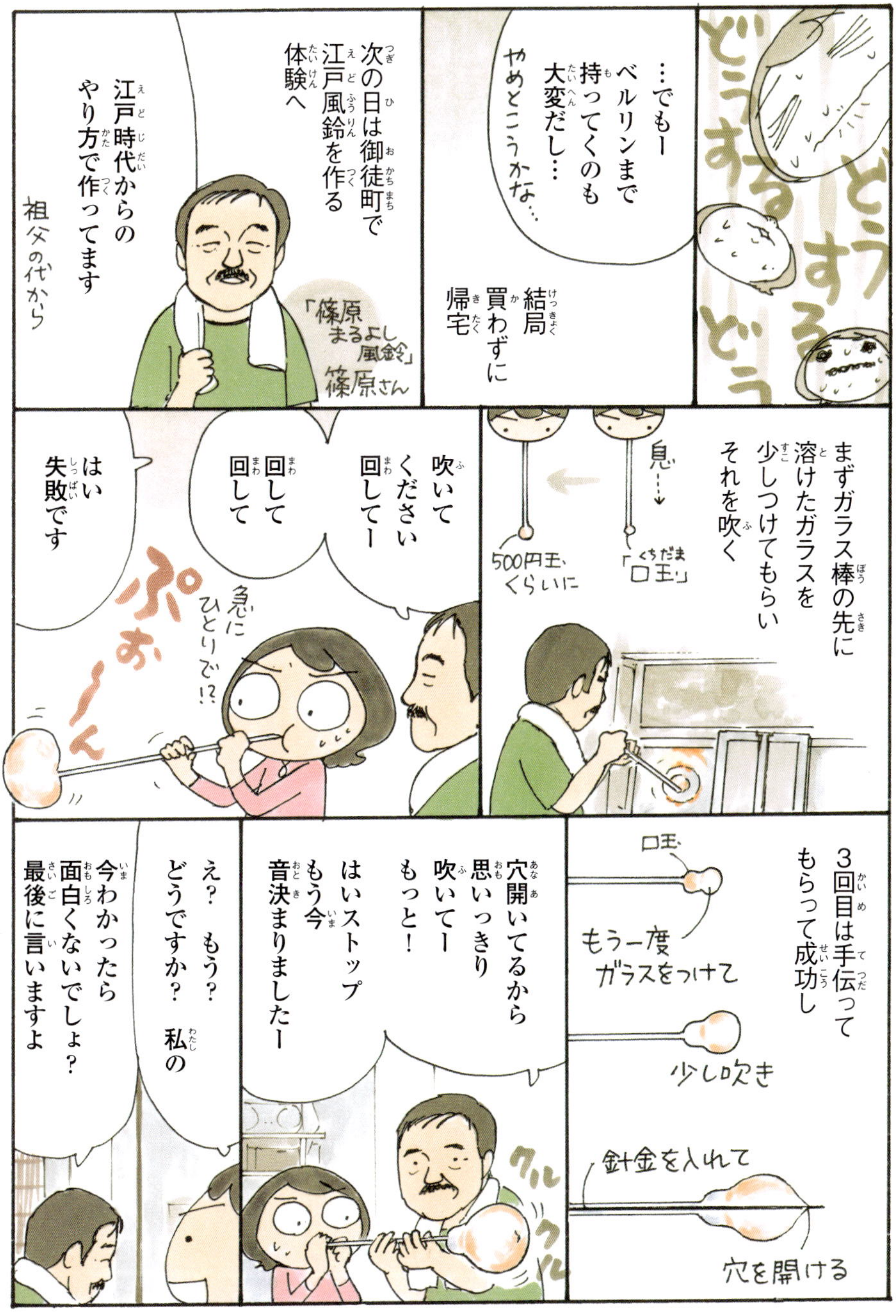
どうするどうするどう
…でもーベルリンまで持《も》ってくのも大変《たいへん》だし…
やめとこうかな…
結局《けっきょく》買《か》わずに帰宅《きたく》
次《つぎ》の日《ひ》は御徒町《おかちまち》で江戸風鈴《えどふうりん》を作《つく》る体験《たいけん》へ
「篠原まるよし風鈴」篠原さん
江戸時代《えどじだい》からのやり方《かた》で作《つく》ってます
祖父の代から
まずガラス棒《ぼう》の先《さき》に溶《と》けたガラスを少《すこ》しつけてもらいそれを吹《ふ》く
息…
「口玉《くちだま》」
500円玉くらいに
吹《ふ》いてください回《まわ》してー回《まわ》して回《まわ》して
急にひとりで!?
ぷぉ〜〜ん
はい失敗《しっぱい》です
3回目《かいめ》は手伝《てつだ》ってもらって成功《せいこう》し
口玉
もう一度ガラスをつけて
少し吹き
針金を入れて
穴を開ける
穴開《あなあ》いてるから思《おも》いっきり吹《ふ》いてーもっと!
はいストップもう今《いま》音決《おとき》まりましたー
クルクル
え? もう? どうですか? 私《わたし》の
今《いま》わかったら面白《おもしろ》くないでしょ? 最後《さいご》に言《い》いますよ

ガラス棒を切って
そのまま冷まし
ガラスの破片
カツン!
石で割る
ガリガリ
切り口を石で少し削る
糸を通す穴
形できあがり
トニーも口玉《くちだま》を失敗《しっぱい》しつつ
まぁ これだけで3年《ねん》かかります
ぷくー
だら…
やり直《なお》して
ぷーっと ぷーーっと
はい 音決《おとき》まりました
クルクルクル
二人《ふたり》の音《おと》全然《ぜんぜん》違《ちが》いますよ
……
バチバチ
なぜ最初《さいしょ》に口玉《くちだま》を作《つく》るんですか?
フチのギザギザを作《つく》るためです
これが実《じつ》は江戸風鈴《えどふうりん》の特徴《とくちょう》
フチがギザギザしているからこそ美しい音が響く
振り管がすれる音も重要なんです
口《くち》がツルツルのものは口玉《くちだま》を風鈴《ふうりん》にしてるんです
ボオオ
バーナーであぶる
ポン!
穴が開く

ちなみに「ポッペン」は 薄《うす》く吹《ふ》いて底《そこ》をあぶったもの
ビードロを吹く女 喜多川歌麿
別名「ポッペンを吹く女」
「ビードロ」は ガラスのことだね
これは 年《とし》の初《はじ》めに 「ポッペン」と 音《おと》を立《た》てて 厄除《やくよ》け したんです
昔《むかし》から「音《おと》」は魔除《まよ》け
ポペッ
オモチャじゃないですよ
その場で作ってくれた
風鈴《ふうりん》も平安時代《へいあんじだい》に 中国《ちゅうごく》から伝《つた》わった 「風鐸《ふうたく》」が元《もと》という
神社仏閣《じんじゃぶっかく》の四隅《よすみ》の 軒先《のきさき》に下《さ》げて 場《ば》を清《きよ》めてるんです
浅草寺にも
絵付《えつ》けタイム
妻 延子さん
これ使ってくださいねー
ありがとうございます
何《なに》描《か》こうかなー
←見本
朝顔《あさがお》ね… 花《はな》も いいかなー
花…
ぽゃん
ああカップ…
お金持《かねも》ちはなぜ 庭《にわ》に池《いけ》を作《つく》って 鯉《こい》を飼《か》うか 知《し》ってますか?

鯉《こい》は龍《りゅう》に似《に》ているからです
龍《りゅう》は神《かみ》の使《つか》いですからね
金魚《きんぎょ》も同《おな》じです
鯉
金魚
「金」魚は「お金」を連れてくる
それからトンボ
後《うし》ろに下《さ》がらないから「勝《か》ち虫《むし》」って言《い》いますね
トンボ
そのほか花火も
「ドーン」と開いて魔除けになる
絵《え》は下書《したが》きなしで内側《うちがわ》から描《か》く
最後《さいご》に振《ふ》り管《くだ》をつけてもらって完成《かんせい》
さおり
トニー
「アナ雪」にいた??
じゃあ鳴《な》らしてみましょう
さおり
チリリリリン
リリリリン
きれい…かれんな音《おと》だわー
うんうん
トニー
チロロン
チロロン
ロロン
少《すこ》し低《ひく》めで響《ひび》く…
これは…
うんうん

↑わかっているのか!?

トニーさんの方《ほう》がいい音《おと》ですねー
チロロン
滅
響《ひび》きはガラスを巻《ま》き取《と》るタイミングなどで決《き》まるのだとか
でも私《わたし》のもかわいい音《おと》ですよねー
本人が出てるっていうかー
チリリリン
きれいな音《おと》でしょ気《き》に入《い》ってればいいんですよ
超苦笑
風鈴《ふうりん》は「ミ」と「ファ」がいい音《おと》に聞《き》こえるんです
そう言《い》ったら音楽家《おんがくか》の人《ひと》が「日本《にほん》ではミとファをよく使《つか》う曲《きょく》が売《う》れるんだ」って言《い》ってましたね
ここで外国人《がいこくじん》がよく持《も》つ疑問《ぎもん》をぶつけてみます
風鈴《ふうりん》の音《おと》って本当《ほんとう》に涼《すず》しくなるんですか？
風鈴《ふうりん》の音《おと》は外国人《がいこくじん》には雑音《ざつおん》と言《い》われることが多《おお》い
音《おと》だけでは涼《すず》しくならないでしょう
「風《かぜ》が来《き》た」ってわかるから涼《すず》しく思《おも》うんじゃないですか？
なるほど！
ここは家族全員《かぞくぜんいん》で働《はたら》いていて
息子 通宏さん
孝通さん
なんか「サザエさん」ちに来《き》たみたい
さてご飯《はん》は浅草《あさくさ》で気《き》になった「米久本店《よねきゅうほんてん》」へ
老舗っぽいけど半分しか戸が開いてないような
米久

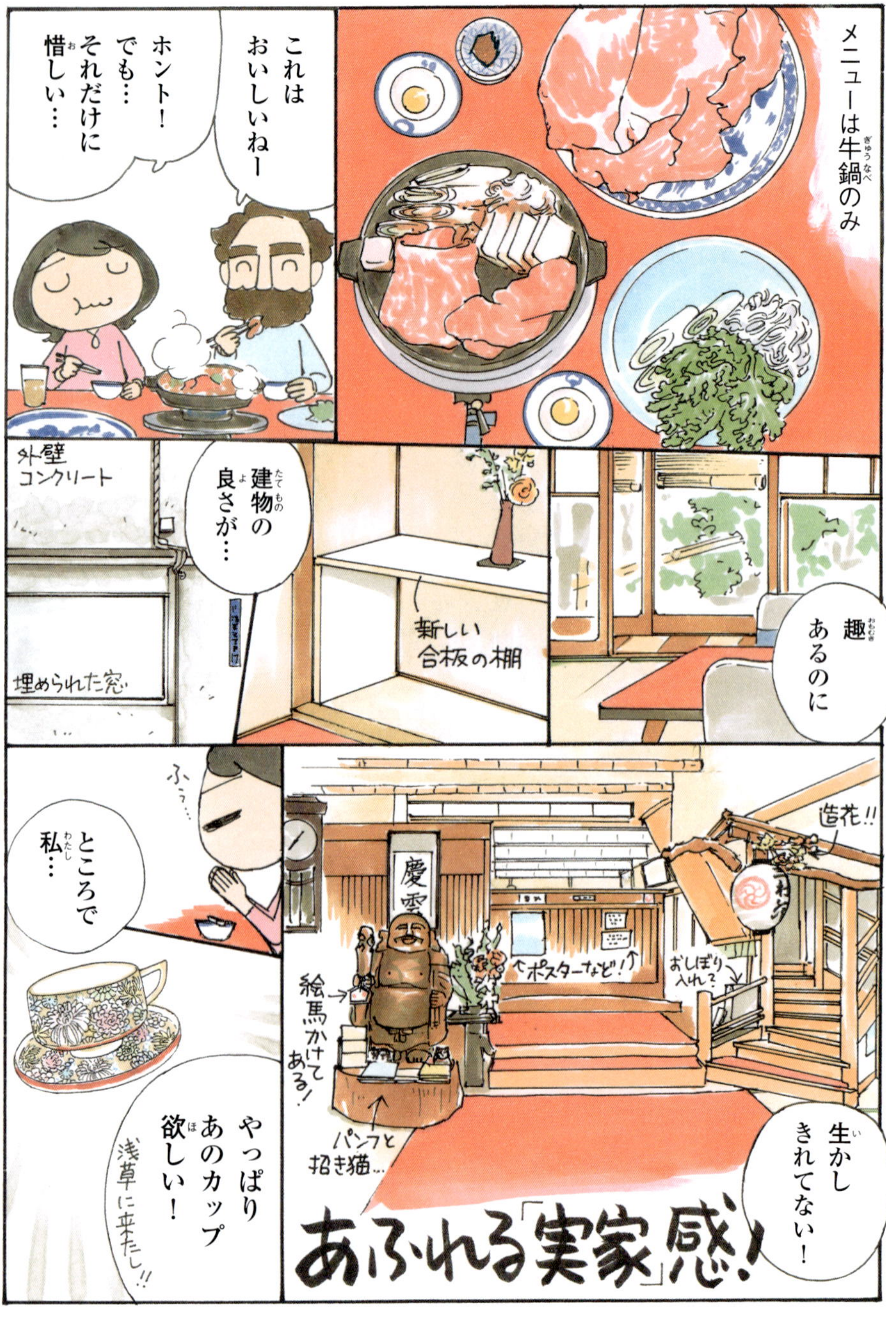

メニューは牛鍋《ぎゅうなべ》のみ
これはおいしいねー
ホント！でも…それだけに惜《お》しい…
趣《おもむき》あるのに
新しい合板の棚
建物《たても》の良《よ》さが…
外壁コンクリート
埋められた窓
造花!!
慶雲
ポスターなど！
おしぼり入れ？
絵馬かけてある！
パンフと招き猫…
生《い》かしきれてない！
あふれる「実家」感！
ふぅ…
ところで私《わたし》…
やっぱりあのカップ欲《ほ》しい！
浅草に来たし!!

ということでお店《みせ》へ
ガチャガチャ
あー閉《し》まってる
どうしよう…
キキーッ
どうしたの？
なんとこの方《かた》店主《てんしゅ》のおいっ子《こ》さん
晃さん
この隣《となり》の店《みせ》うちの兄《あに》がやっててすぐそばに住《す》んでるから連絡《れんらく》取《と》ってもらうよ
するとお兄《にい》さんが来《き》てくださり
電話《でんわ》したら中《なか》にいるって
儀孝さん
隣も骨董品店
ガチャガチャ…
ガラッ
ありがとうございます！
どうぞー
やっぱりかわいい…
これいただきます
ありがとうございます
そして浅草《あさくさ》の商店街《しょうてんがい》へ
買《か》っちゃった――
ウフ
しかしこの後《あと》トニーが思《おも》いもよらないことを言《い》い出《だ》す…！

もう一杯

骨董品に興味がないことはない。でも、カップは……できることなら、増やしたくない。理由は紀元前5世紀の、古代ギリシアのある人物にちょっと関係がある。

哲学者ディオゲネスは、「モノ無し」生活を人に勧め、自分もそのような生き方を徹底していた。彼には家畜も家具も、家さえもなく――街角に放棄されていたワイン樽に住んでいた。服は簡単な布で、食事は人から与えられた物のみ。

そのディオゲネスが例外として所有していた物が一つだけあった。川辺で水をすくって飲むための「コップ」だ。しかしある日、両手をコップの形にして水を飲んでいる人を彼は見てしまった。「なるほど、これもいらない！」と悟り、そのコップまで投げ捨ててしまったと言う。「コップを投げ捨てるディオゲネス」という油絵が博物館に展示されているくらい、この寓話は有名。二千年も前から、代々この哲学者に惹かれる人たちがい

風に吹かれない風鈴

しまった。東京で作った「江戸風鈴」をベルリンに持ってきていない。バルコニーにかけられるところがちゃんとあるのに。しかし、これで本当に夏を涼しく過ごせるのだろうか？　今までその音色を聞いて、涼しく感じたことがない。でもそれは、僕が風鈴にそういう力があると信じてこなかったからかな。たぶん、姿勢に問題がある。

風鈴は「ウィンドチャイムの一種」だそうだ。日本に来る前にそういうものはいろいろ見てきた。ただ、ほとんどはベル型ではなく、「バーチャイム」というやつ。

たとえば、親戚のじいちゃんが持っていたものは、違う長さのバーが5、6本、一緒に吊り下げられたもの。ぶら下がっているバーが互いに触れ合って複雑な音が生じるのだけれど、じいちゃんは、その偶然性のメロディを「自然な音」の一つとして捉えて楽しんでいた。嵐の

Tony's column

る。青年時代の僕もその一人。20代は「モノ少なめ」生活だった。
しかし年月が経つにつれ、徐々にディオゲネスの考え方は非合理的だとわかった。そしてモノが集まり、急速に増えた。弾いたこともないウクレレや、めったに吹かないフルート。いつ読むとも知れない書籍の数々。
食器だって、ある。少なくともお客用にちゃんとしたものを用意したい。でも、話がカップやコップになると脳内でディオゲネスがなぜか躍り出る。「いらないのでは……?」
温かいお茶やコーヒーを飲むには、やはりカップがいる。そうでなければ、手が火傷《やけど》するから。でも、ワインやビールはその心配はない。シャンパンは特に、手のひらで受けて飲んでみたらおいしいかもしれない。
いつか、ディオゲネス式飲み会を開こうかな。「お代わり、どう?」

前にはその音が激しくなるので、「暴風注意報」にもなっていたようだ。
19歳の時、ニューヨーク州でたまたま手作りバーチャイムを作る計画に遭遇し、少しだけそれに参加させてもらった。
バーチャイムとは言え、サイズは大きい。材料は鉄の配管が3本。その直径は25センチくらいで、一番長いのはたぶん5メートルあった。それぞれのバーを正確な長さにしたり、正しい位置に穴を開けたり(吊り下げ用)、十分強いフレームを組み立てたり。楽器になるまではかなりの作業だった。どのバーも重すぎて、風の力を利用して奏でることは到底できなかったから、必死にマレット(ばち)で叩くことに。
その音色は? 僕は教会の鐘とそう変わらないと思った。ただ不思議なことに、聞いていて、少し涼しい気分になるように思った。
……気のせいでなければ。

第3話　はじけるそろばん

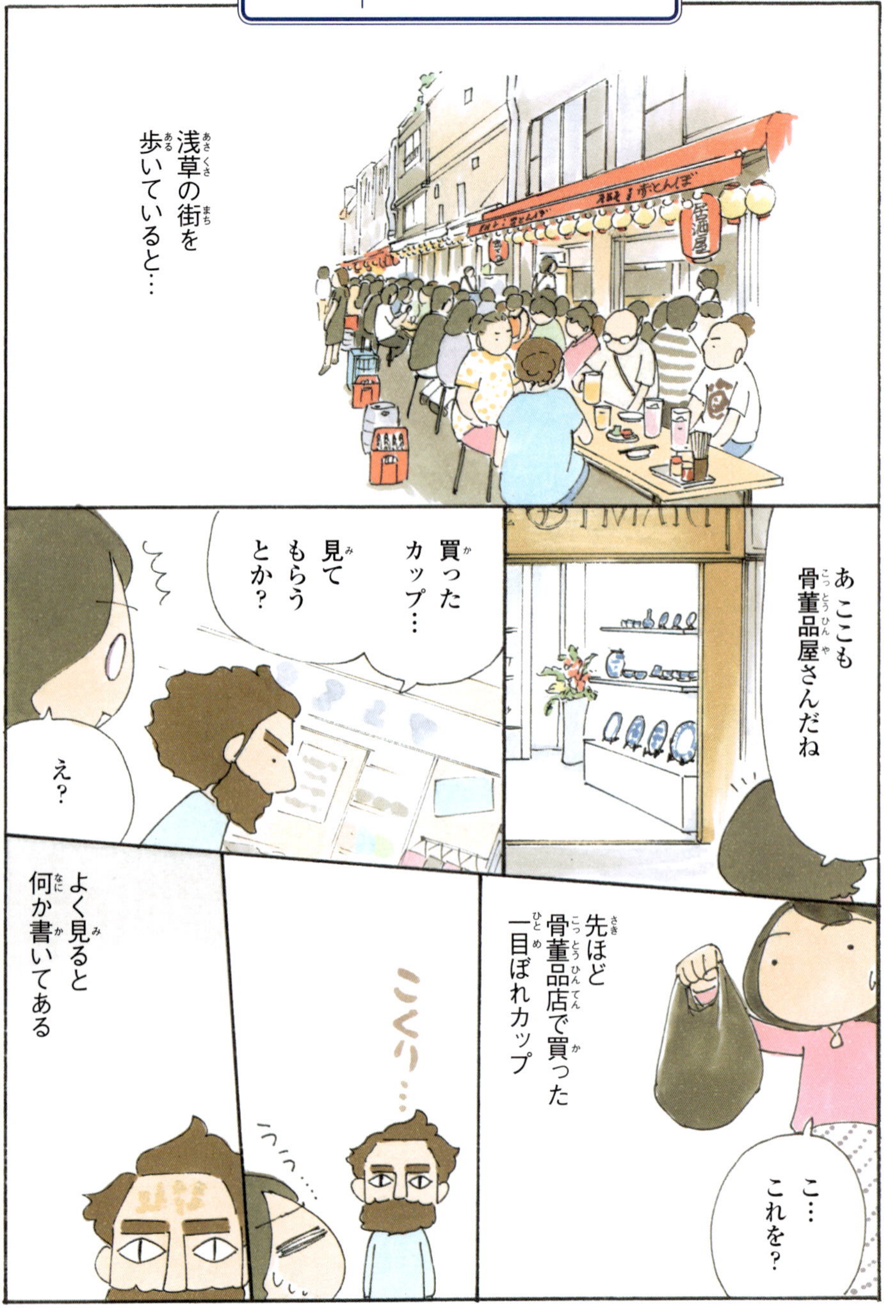

「花詰」＝全体に金縁の花を描いた作品

3千円《ぜんえん》ですかねー
うちは使用品メインで安いので…
ほう
5千円《せんえん》で買《か》ったんですけど…
あっ
いいんじゃないですか
6千円で出す店もあると思います
という結果《けっか》に
あのお店《みせ》にこれはなかったわけだし
逃《のが》さず買《か》って悔《く》いなし！
だわ
よかったね
大事…
カップにごせんえん…
あラムネがいっぱい
日本全国ご当地ラムネ
抹茶ラムネ
Frula
「すずの家」
オシャレ
カレーラムネ
Frula
塩
スイカラムネ
バナナラムネ
カバーがむける
ラムネって「レモネード」がなまったんだよね
そう
レモネード
Lemonade
～で作ったもの
なんと歌の
（バラッド）
Ballad の
コレと同じ
じゃあ「サイダー」は？
りんごを発酵《はっこう》させたお酒《さけ》「シードル」がなまったもの
Cidre
シードル
日本で同じようなものになったけど出発点は違ってたんだね

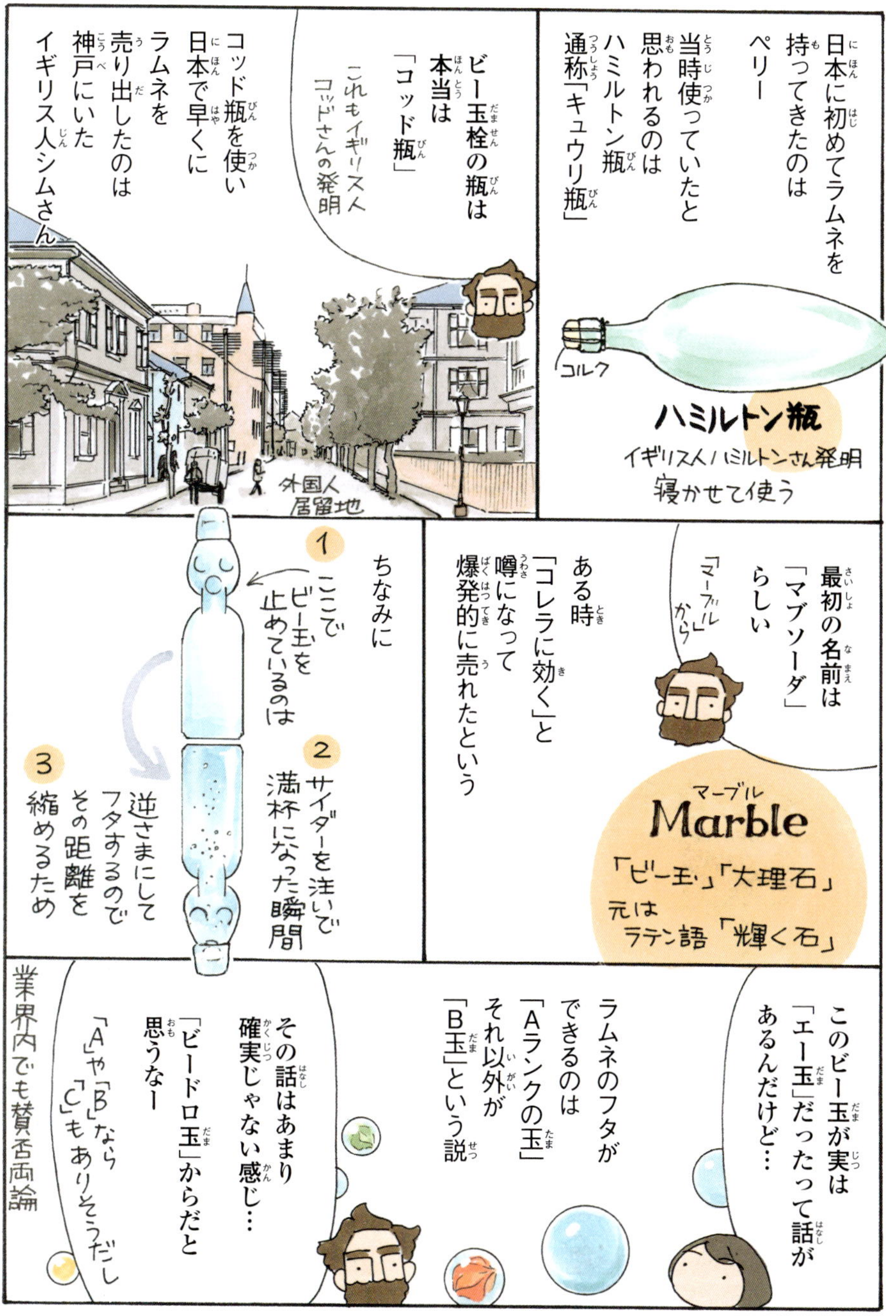

日本《にほん》に初《はじ》めてラムネを
持《も》ってきたのは
ペリー
当時《とうじ》使《つか》っていたと
思《おも》われるのは
ハミルトン瓶《びん》
通称《つうしょう》「キュウリ瓶《びん》」
コルク
ハミルトン瓶
イギリス人ハミルトンさん発明
寝かせて使う
ビー玉《だま》栓《せん》の瓶《びん》は
本当《ほんとう》は
「コッド瓶《びん》」
これもイギリス人
コッドさんの発明
コッド瓶《びん》を使《つか》い
日本《にほん》で早《はや》くに
ラムネを
売《う》り出《だ》したのは
神戸《こうべ》にいた
イギリス人《じん》シムさん
外国人
居留地
最初《さいしょ》の名前《なまえ》は
「マブソーダ」
らしい
「マーブル」から
ある時《とき》
「コレラに効《き》く」と
噂《うわさ》になって
爆発的《ばくはつてき》に売《う》れたという
Marble《マーブル》
「ビー玉」「大理石」
元は
ラテン語「輝く石」
ちなみに
1 ここでビー玉を止めているのは
2 サイダーを注いで満杯になった瞬間
3 逆さまにしてフタするのでその距離を縮めるため
このビー玉《だま》が実《じつ》は
「エー玉《だま》」だったって話《はなし》が
あるんだけど…
ラムネのフタが
できるのは
「Aランクの玉《たま》」
それ以外《いがい》が
「B玉《だま》」という説《せつ》
その話《はなし》はあまり
確実《かくじつ》じゃない感《かん》じ…
「ビードロ玉《だま》」からだと
思《おも》うなー
「A」や「B」なら
「C」もありそうだし
業界内でも賛否両論

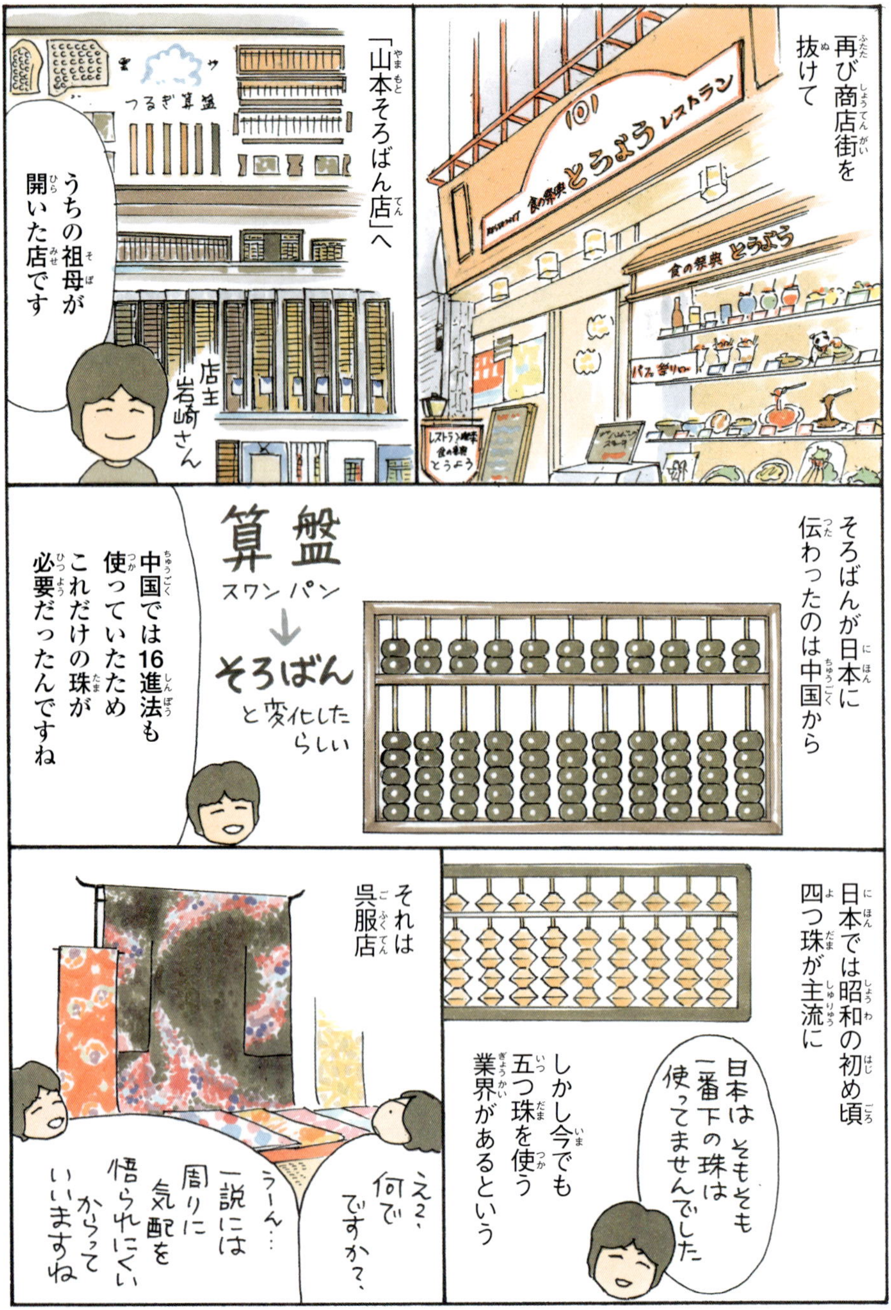

再《ふたた》び商店街《しょうてんがい》を抜《ぬ》けて
食の祭典 とうよう レストラン
食の祭典 とうよう
「山本《やまもと》そろばん店《てん》」へ
うちの祖母《そぼ》が開《ひら》いた店《みせ》です
店主 岩崎さん
そろばんが日本《にほん》に伝《つた》わったのは中国《ちゅうごく》から
算盤
スワンパン
そろばん
と変化したらしい
中国《ちゅうごく》では16進法《しんぽう》も使《つか》っていたため これだけの珠《たま》が必要《ひつよう》だったんですね
日本《にほん》では昭和《しょうわ》の初《はじ》め頃《ごろ》四《よ》つ珠《だま》が主流《しゅりゅう》に
日本は そもそも 一番下の珠は 使ってませんでした
しかし今《いま》でも五《いつ》つ珠《だま》を使《つか》う業界《ぎょうかい》があるという
それは呉服店《ごふくてん》
え?、何でですか?、
う〜ん… 一説には 周りに 気配を 悟られにくい からって いいますね

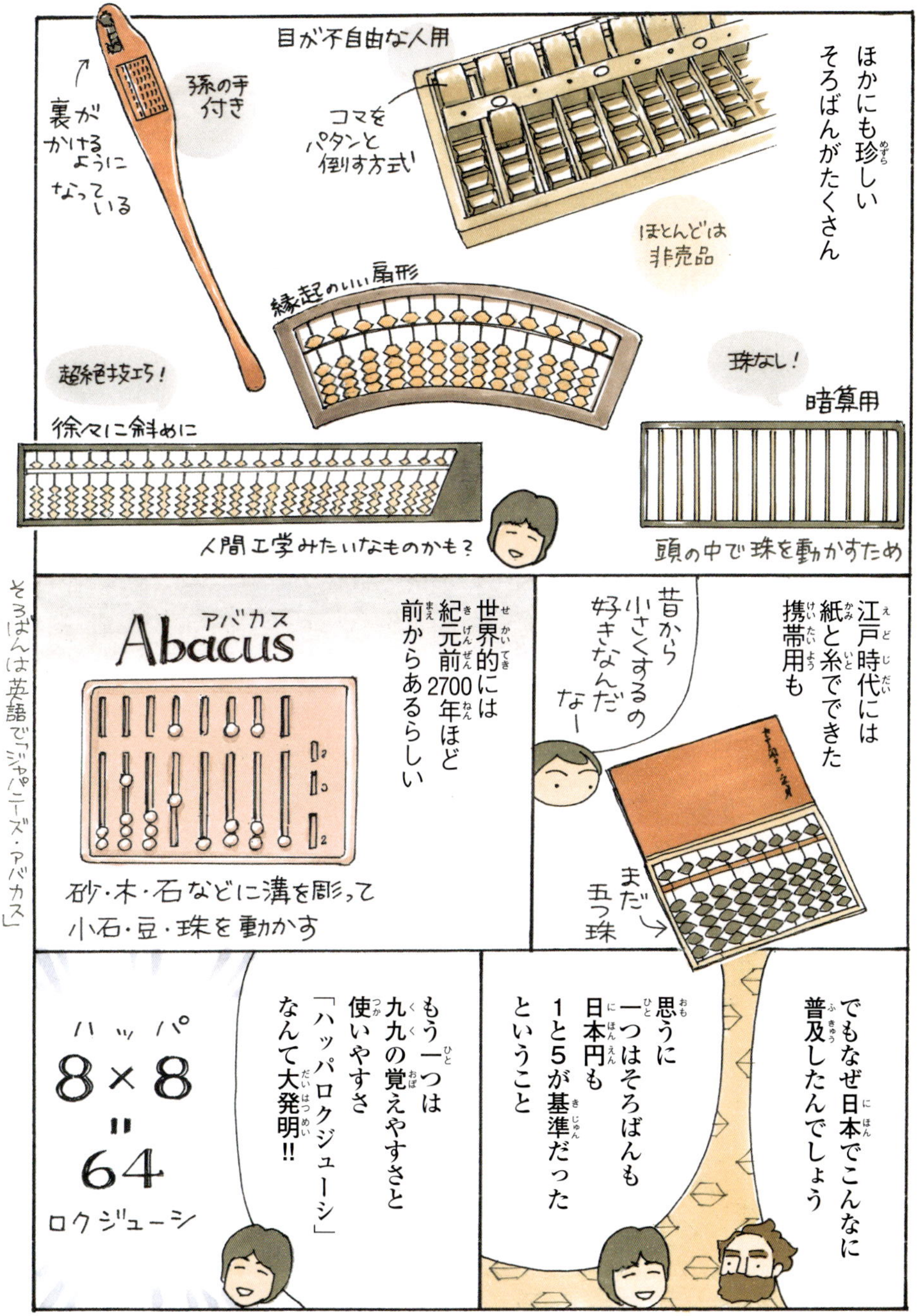

ほかにも珍《めずら》しいそろばんがたくさん
目が不自由な人用
コマをパタンと倒す方式!
ほとんどは非売品
孫の手付き
裏がかけるようになっている
縁起のいい扇形
超絶技巧!
珠なし!
暗算用
徐々に斜めに
人間工学みたいなものかも?
頭の中で珠を動かすため
江戸《えど》時代《じだい》には紙《かみ》と糸《いと》でできた携帯用《けいたいよう》も
昔から小さくするの好きなんだなー
まだ五つ珠
世界的《せかいてき》には紀元前《きげんぜん》2700年《ねん》ほど前《まえ》からあるらしい
Abacus アバカス
砂・木・石などに溝を彫って小石・豆・珠を動かす
そろばんは英語で「ジャパニーズ・アバカス」
でもなぜ日本《にほん》でこんなに普及《ふきゅう》したんでしょう
思《おも》うに一《ひと》つはそろばんも日本円《にほんえん》も1と5が基準《きじゅん》だったということ
もう一《ひと》つは九九《くく》の覚《おぼ》えやすさと使《つか》いやすさ「ハッパロクジューシ」なんて大発明《だいはつめい》!!
ハッパ 8×8=64 ロクジューシ

確《たし》かに言《い》いにくい国《くに》は多《おお》い
8×8=64
米 エイト タイムズ エイト イズ シックスティーフォー
英 エイト エイツ シックスティーフォー
独 アハト マル アハト イスト フィーア ウント ゼクツィッヒ
あと日本《にほん》は数字《すうじ》を上《うえ》から順《じゅん》に言《い》いますし
確かに
独 935
ノイン フンダート
900
フェンフ ウント ドライツィッヒ
5 と 30
そろばんは今《いま》また人気《にんき》という
海外《かいがい》からプログラマーや数学関係《すうがくかんけい》の方《かた》が来《こ》られますよ
珠算教育
そろばんは身《み》に付《つ》けるとすごいって有名《ゆうめい》だから
学《まな》び直《なお》したい人《ひと》や数学《すうがく》をうまく教《おし》えたい先生《せんせい》なんかにとても人気《にんき》ありますね
スベラシ粉 ございます
珠をくり抜いた後のツゲ ¥250
「スベラシ」って表現《ひょうげん》いいですね
今《いま》は科学的《かがくてき》に合成《ごうせい》した粉《こな》ですね昔《むかし》はイボタロウって虫《むし》の分泌物《ぶんぴつぶつ》を…
イボ太郎!?
違った…
イボタ蝋《ろう》
イボタカイガラムシが分泌する蝋
今《いま》も日本刀《にほんとう》の手入《てい》れや家具《かぐ》のツヤ出《だ》しに使《つか》われてるんだね
成虫

地震《じしん》の時《とき》は大変《たいへん》じゃないですか？
落ちそう
今《いま》まで地震《じしん》は大丈夫《だいじょうぶ》でしたけど
浅草《あさくさ》サンバカーニバルの時《とき》はショーウィンドウの中《なか》のいくつかは倒《たお》れるんですよね
共鳴するんでしょうね
伝法院
お店《みせ》を出《で》て伝法院通《でんぼういんどお》りへ
なんか描《か》いてある
これは「地口行灯《じぐちあんどん》」
江戸時代に流行
地口とはことわざや成句にかけたダジャレのような言葉遊び
とんでゆに入る夏のぶし
飛んで火に入る夏の虫
くだらな!!
ちょっと好きだけど
いつの時代にも地口はある…
「うまかった牛負けた」
「すみま千円」
さおりはダジャレ嫌《きら》いだからねー
トニーは前《まえ》よく言《い》ってたよね
私がシラケるからやめたけど
語学《ごがく》をやる時《とき》ダジャレを覚《おぼ》えたり考《かんが》えたりするのは役《やく》に立《た》つんだよ
うん
受《う》けとめ方《かた》が違《ちが》うかもね
大黒家
えびすだいこくう
恵比寿大黒
恵比寿大黒…
楽《たの》しい帰《かえ》り道《みち》でした

九九にかける

アメリカ式九九は大変。いちいち「掛ける」と「イコール」を言う必要があり、語呂合わせのようなものはない。「さぶろくじゅうはち」というコンパクトで覚えやすい感じになっていればいいのに。

僕は、掛け算にはまあまあ自信はあるが、脳内で、正解が刻まれているべきところに空白しかないことがある。そうなると、必死に計算するしかない。

一方、さおりはそれぞれの答えを頭の中に持っているようだ。うらやましい！

九九はやはり「詩」として覚えるものだ。

我が息子は、この点では残念ながら母親よりは父親似、という傾向にある。それもそのはず、通っている学校もアメリカ式九九を教えているのだ。やばい！

そこで、ちょっと工夫したい。

まず、そろばんを買って、6歳だった息子の前に置いてみた。天才伝説がこれで始まるかなと半分期待していた

だじゃれる、だじゃれない

「住めば都」とは、来日してすぐ覚えたことわざの一つ。自分は19歳くらいから放浪しているように感じるので、ぴんとくる大事な戒めである。縁があって、宮崎県都城市を訪れたことがある。ベンチに腰かけて、知り合いを待っていた。バス停の横だった気がする。いずれにしても、そのベンチに刻んであった文字が目に入った。「住めば都城」。ザ・駄洒落。最高！

ほかに、冷戦が終わった約25年前に、東京でこれを耳にした。「これでベルリンの壁、やっと取っ外されるんだって。へー（塀）」。傑作とは言えないが、漢字学習を助けるものではある。日本語の上達を図ろうとしている時期だったので、僕はありがたいと思っていた。

ヒエログリフや楔形《くさびがた》文字などによる人間の初期の記録にも登場している。古代ギリシアの叙事詩「オデュッセイア」では、巨人のキュクロープスがウーティ

Tony's column

が、息子が自分一人でいきなり計算問題に突入する気配はなかった。子どもがそろばんの魅力に取り憑かれないところで、仕方なく、自分もそれをいじるようにした。すると、息子がそれまで興味を示していなかったそろばんを手に取っているではないか！

　これは不思議なことだ。親が一緒に何かの技を習えば、子どもが進歩するのだ。たぶん、「これ、難しくてよくわからない。でもとにかく、親より絶対にできる！」とでも、子どもは思っているのかな。

　それでも、掛け算を解く方法を知らないということもあって、今はそろばんをどこかにしまってある。このままだと、息子は僕と同じく、正解をすぐ頭から出せない人間になる。「なるようになるさ」と言って、自然に任せるか。それとも、親もまた、知らない技に取り組むか。いんしちがしち、にしちじゅうし……。

スに騙される。ウーティスは「誰でもない」を意味する。一応、駄洒落だ。これらを考えれば、単純なジョークが人々にとって自然で、欠かせないものであるという気がする。ちなみに、昔から人は駄洒落が言いたくて、言語と文字が発展したと言っている研究者もいる。

　ジョークがあまりにも単純なもので、飛ばした本人（だけ）が大笑いをするような場合、その場の人が不愉快になるのは当然のこと。ネタに面白みもなく、プレゼンテーションも洗練されていなければ、ブーイングが発生するだろう。でも、言葉遊びそのものがいけないはずはない。駄洒落を聞いてすぐ「おやじギャグ」と言って、拒絶反応を示すのはいかがなものか、と思う。

　僕らの日常に、微笑みと笑いは少ないより多いほうがいいのではないか？（ふむ。駄洒落を言う言い訳として、これでいいわけ？）

浅草

登場した主なスポット

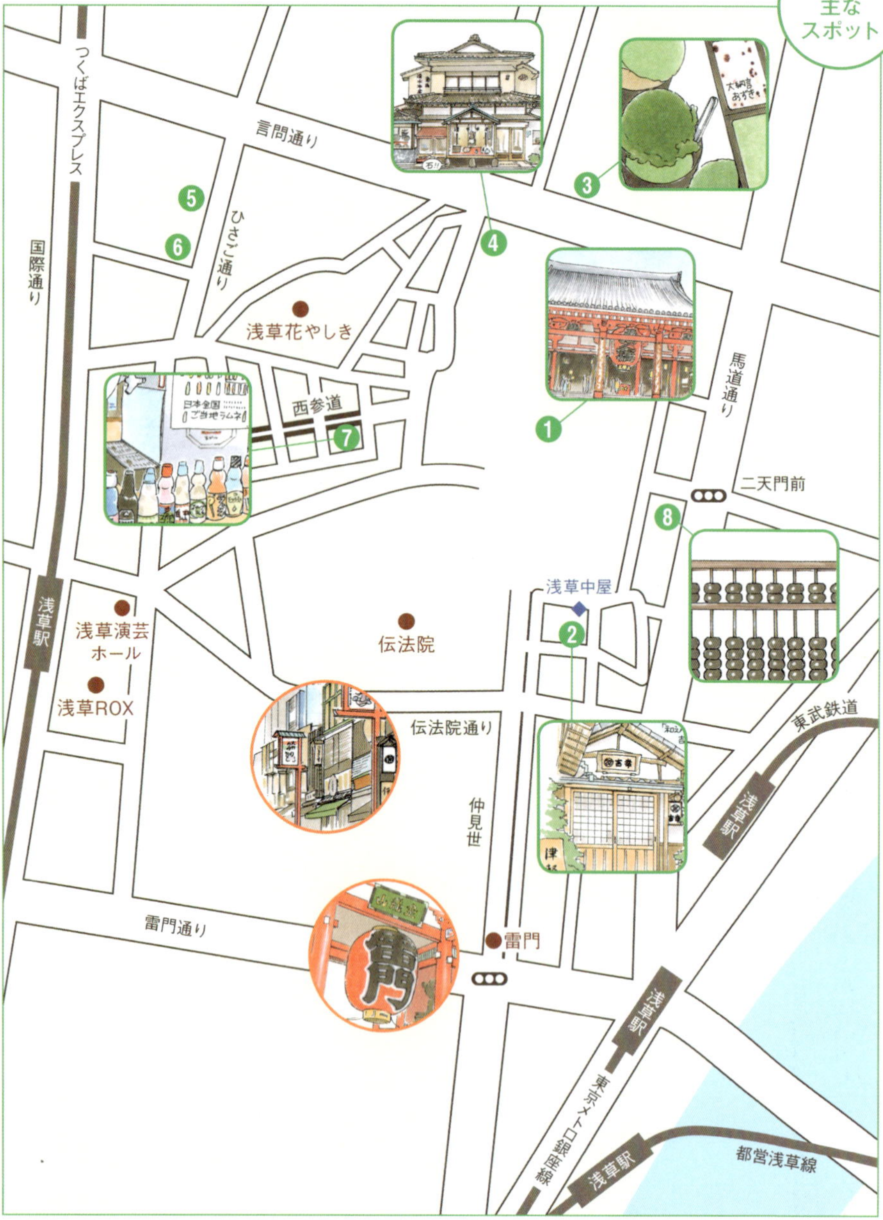

6	5	4	3	2	1
米久本店 東京都台東区 浅草2-17-10	**江戸下町 伝統工芸館** 東京都台東区 浅草2-22-13	**美術商 清水本店** 東京都台東区 浅草2-30-11	**壽々喜園 浅草本店** 東京都台東区 浅草3-4-3	**和えん亭 吉幸** 東京都台東区 浅草2-2-13	**浅草寺 本堂** 東京都台東区 浅草2-3-1

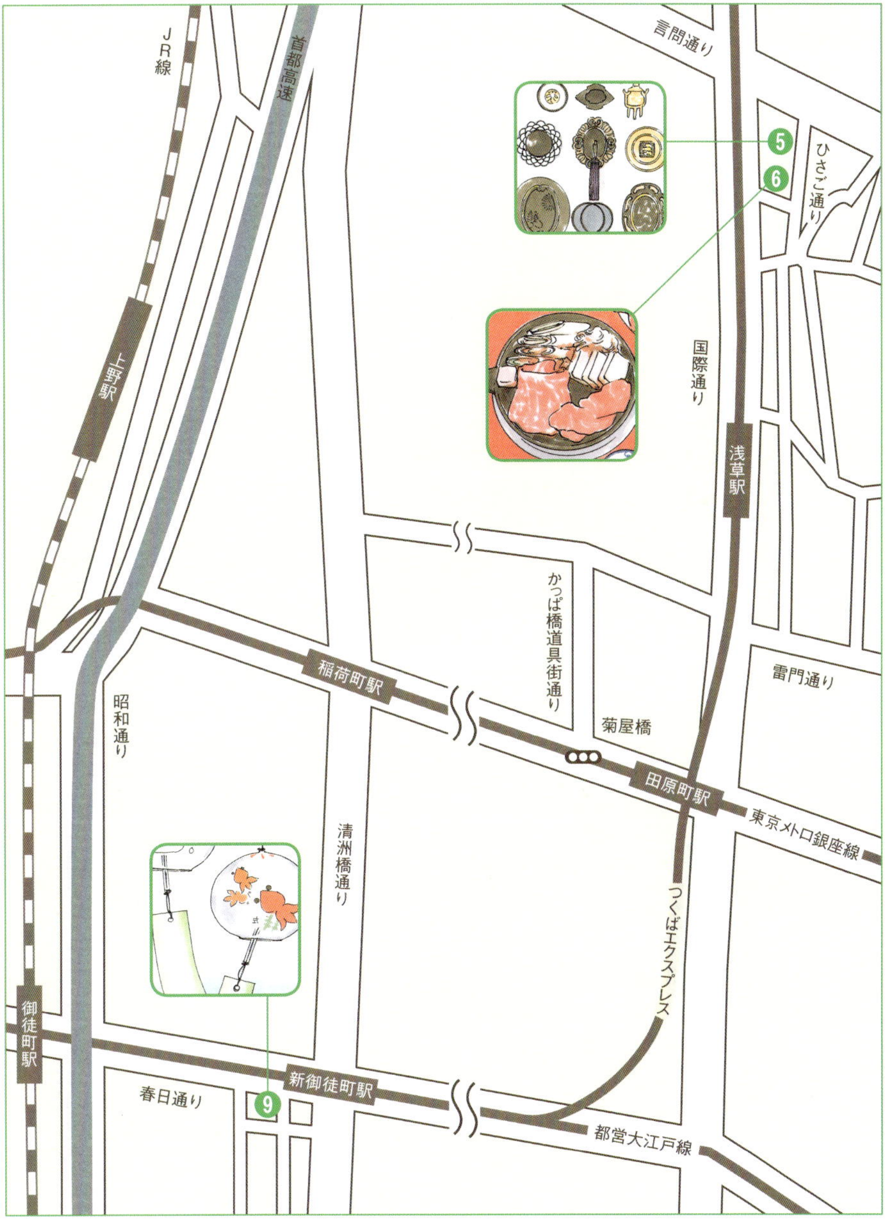

9	8	7
篠原まるよし風鈴 東京都台東区 台東4-25-10	**山本そろばん店** 東京都台東区 浅草2-35-12	**すずの家** 東京都台東区 浅草2-7-3

オススメおみやげ

「米久本店」
牛の佃煮

第 2 章

流れる川、変わりゆく街

船から見る街、見たことのない工芸品
「銀座」の意味とお寿司のコツを知る

第４話　朝のホラ貝

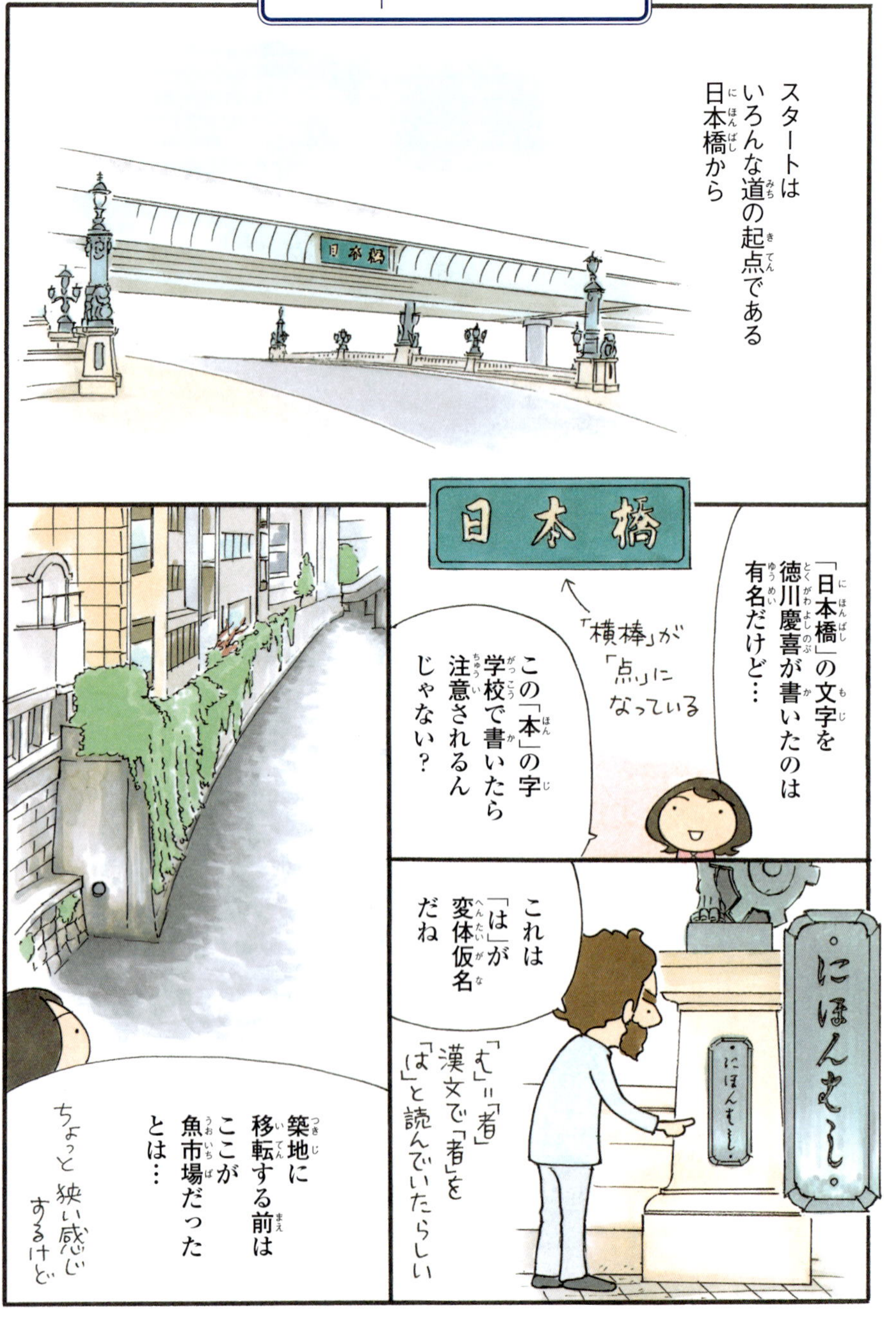
スタートは
いろんな道《みち》の起点《きてん》である
日本橋《にほんばし》から
日本橋
「日本橋《にほんばし》」の文字《もじ》を
徳川慶喜《とくがわよしのぶ》が書《か》いたのは
有名《ゆうめい》だけど…
「横棒」が「点」になっている
この「本《ほん》」の字《じ》
学校《がっこう》で書《か》いたら
注意《ちゅうい》されるん
じゃない？
これは「は」が変体仮名《へんたいがな》だね
「む」＝「者」
漢文で「者」を「は」と読んでいたらしい
築地《つきじ》に
移転《いてん》する前《まえ》は
ここが
魚市場《うおいちば》だった
とは…
ちょっと狭い感じするけど

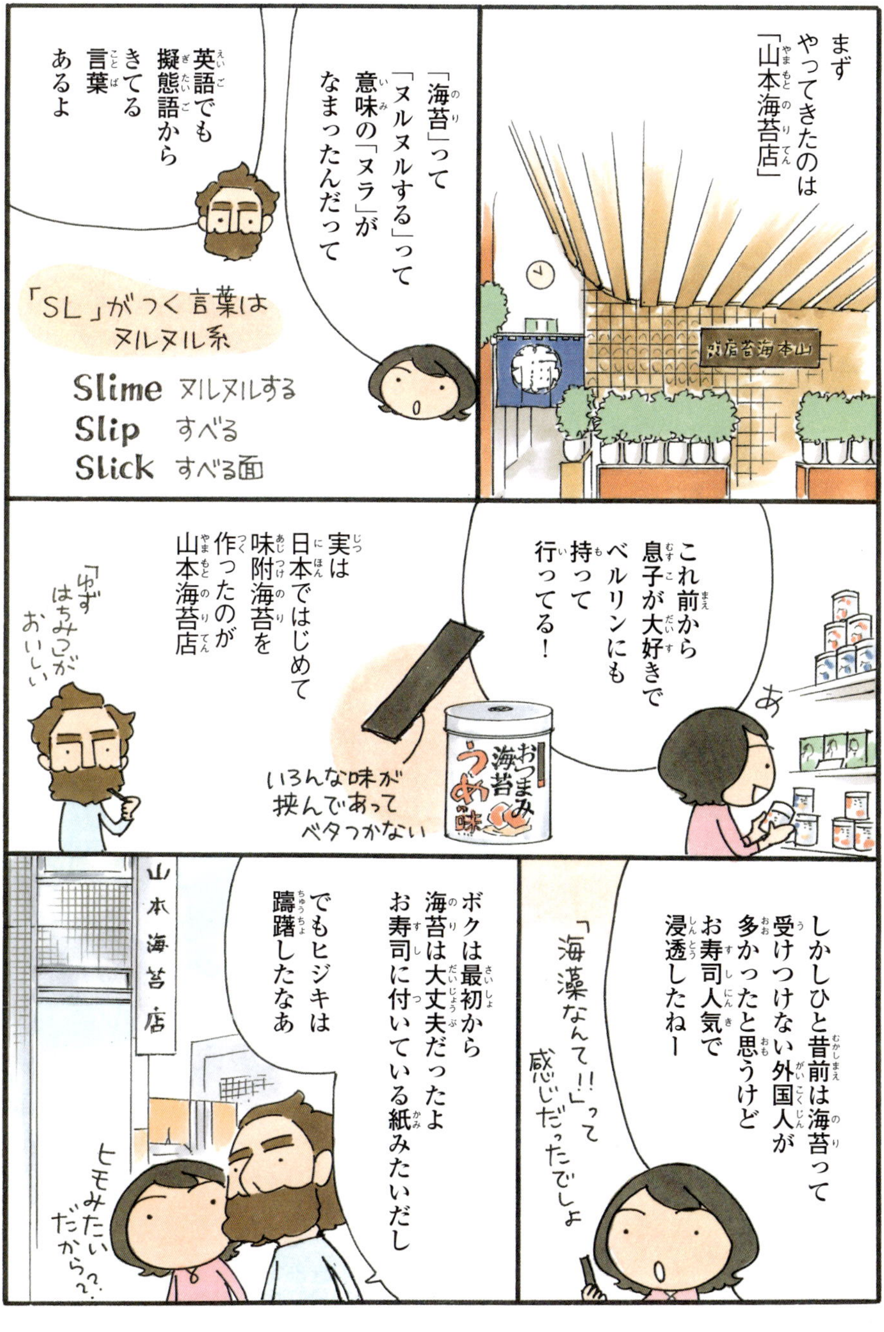
まず
やってきたのは
「山本《やまもと》海苔《のり》店《てん》」
「海苔《のり》」って
「ヌルヌルする」って
意味《いみ》の「ヌラ」が
なまったんだって
英語《えいご》でも
擬態語《ぎたいご》から
きてる
言葉《ことば》
あるよ
「SL」がつく言葉は ヌルヌル系
Slime ヌルヌルする
Slip すべる
Slick すべる面
あ
これ前《まえ》から
息子《むすこ》が大好《だいす》きで
ベルリンにも
持《も》って
行《い》ってる！
いろんな味が挟んであって ベタつかない
おつまみ海苔 うめ味
実《じつ》は
日本《にほん》ではじめて
味附《あじつけ》海苔《のり》を
作《つく》ったのが
山本《やまもと》海苔《のり》店《てん》
「ゆずはちみつ」がおいしい
しかしひと昔前《むかしまえ》は海苔《のり》って
受《う》けつけない外国人《がいこくじん》が
多《おお》かったと思《おも》うけど
お寿司《すし》人気《にんき》で
浸透《しんとう》したねー
「海藻なんて!!」って
感じだったでしょ
ボクは最初《さいしょ》から
海苔《のり》は大丈夫《だいじょうぶ》だったよ
お寿司《すし》に付《つ》いている紙《かみ》みたいだし
でもヒジキは
躊躇《ちゅうちょ》したなあ
ヒモみたいだから??
山本海苔店

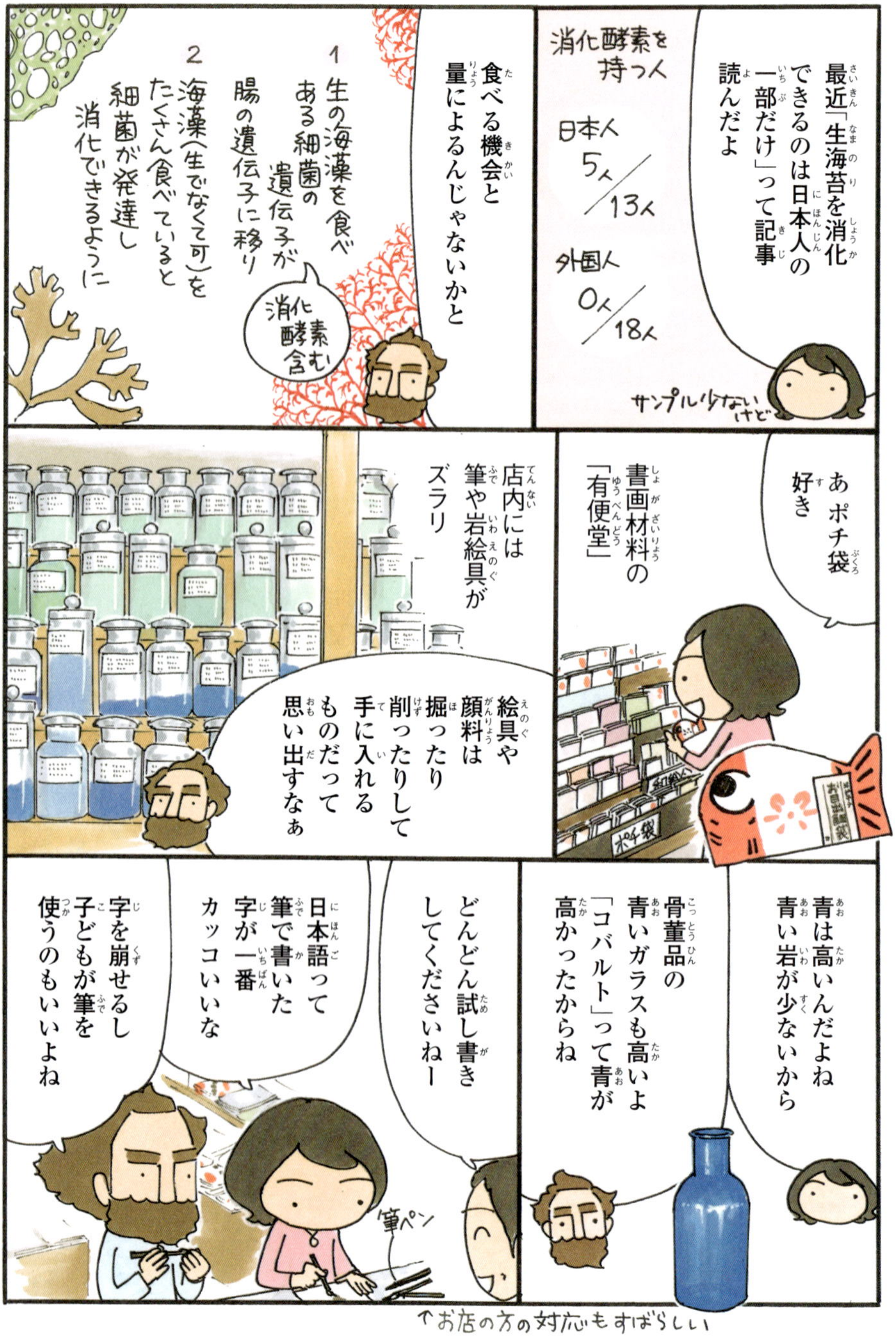

＊参考記事『Nature』2010年4月8日号

最近は人工のものもあり

↑お店の方の対応もすばらしい

西洋《せいよう》では最近《さいきん》筆記体《ひっきたい》を教《おし》えないことが増《ふ》えてるんだ
子《こ》どもが紙《かみ》とペンからキーボードに早《はや》く移《うつ》っちゃうことも一因《いちいん》だね
Cursive
(筆記体)
私《わたし》が驚《おどろ》いたのはドイツでは小学校《しょうがっこう》3年生《ねんせい》くらいから万年筆《まんねんひつ》を使《つか》うことだな
子ども用各種
修正ペンもあり
溶かして消す液
書き直すペン
あと万年筆《まんねんひつ》もボールペンもインクは青《あお》が多《おお》いね
日本で書類書くのは「青または黒」でもほぼ黒だけど
青《あお》だとどこを記入《きにゅう》したかわかりやすくていいよ
ちなみにもっと昔《むかし》は鳥《とり》の羽根《はね》のペンを使《つか》ってたでしょ
それがフランス語《ご》に残《のこ》ってて「ペンネーム」のことを「ノンデプルーム」(羽根《はね》の名前《なまえ》)って言《い》うんだよ
Plume
「ミカド珈琲《コーヒー》」がすぐそばに
MIKADO
Since 1948
ちょっとレトロでいい感じ
日本《にほん》では珍《めずら》しく1階《かい》のスタンドは2階《かい》のテーブル席《せき》より安《やす》い設定《せってい》
ヨーロッパではよくあるけど
カウンターや持ち帰りは安いって

この組み方は「隠し蟻組《ありぐみ》」

そういえば昔《むかし》「森《もり》の中《なか》でホラ貝吹《がいふ》こう」って誘《さそ》われたことある
経験の幅!!
っていうかマイホラ貝《がい》持《も》ってた
そういえば
どゆこと!?
彼の話を要約しますと
吹くのに誘われたのは日本で、共通の知り合いがいる初対面の人に「森でホラ貝を吹く会」に来ない?と
マイホラ貝はアメリカにいた頃昔のギリシャ&ローマのイベントで入手ちょっと吹いてた
日本《にほん》の吹《ふ》き方《かた》はワビサビを感《かん》じるね自然《しぜん》との一体化《いったいか》とか
西洋《せいよう》では「進軍《しんぐん》ラッパ」みたいに号令《ごうれい》や信号《しんごう》に近《ちか》いと思《おも》う
吹くとすれば
ブォーッ
ここでは漆器《しっき》も扱《あつか》っていて
漆器《しっき》は使《つか》ってほしいですね
しまっている場合《ばあい》も乾燥《かんそう》している冬《ふゆ》などに年《ねん》2回《かい》くらい出《だ》して使《つか》うといいです
お正月とひな祭りとか
どこか行《い》った方《ほう》がいいお店紹介《みせしょうかい》していただけますか
そうですねー「伊場仙《いばせん》」さんどうでしょう
江戸扇子《えどせんす》「伊場仙《いばせん》」

あっ
私《わたし》の大好《だいす》きな
歌川国芳《うたがわくによし》の
浮世絵《うきよえ》が
扇子《せんす》になってる
荷宝蔵壁《にたからぐらかべ》のむだ書
1847年頃
当時
役者の浮世絵
出版差し止め令が
出ていたが
なんとか出版するため
「これは浮世絵ではなく
落書きだ」として描いたもの
反骨精神の表れ
なんとこの伊場仙《いばせん》
もともと浮世絵《うきよえ》の
版元《はんもと》であり
この「むだ書《がき》」を
出版《しゅっぱん》した
ところでした
あっ
よく見《み》ると
「む」と
伊場仙《いばせん》の
マークが！
ホントはこういうマーク
は
む
めん
と
扇子《せんす》は
日本発祥《にほんはっしょう》
みたいだね
時々出土《ときどきしゅつど》する
「木簡《もっかん》」がもとで
長《なが》い間扇《あいだあお》ぐもの
ではなかったってね
紙が貴重だったため
「木簡」に文章を書き
それを綴じた「檜扇」が
もとになった
という説が有力
木簡
平安時代
そして中国《ちゅうごく》から
ヨーロッパへ
伝《つた》わったという
ヨーロッパには
「扇言葉《おうぎことば》」も
あったようだけど…
扇子が顔を
横切るように
動かすと
愛してます

恋《こい》の詩《し》を渡《わた》した時《とき》だって…
これをあの方に
はい
遠《とお》くから様子《ようす》がわかるし
パタパタパタ
パタ
盛り上がってきてるな…
日本《にほん》だと扇子《せんす》に和歌《わか》を書いて渡《わた》してたけどね
ランチは「干物《ひもの》まる」へ
奥に食事スペース
注文してしばらく待つから店内を見るのがいいかも
トニーの注文《ちゅうもん》はホッケ
ぼかぁ
昔からホッケ派だ!
私《わたし》は伊勢《いせ》エビ!!
伊勢のエビの干物! ゼータク
うん おいしい やっぱり量《りょう》はやや少《すく》ないけど…
それでも
たっぷりのお茶《ちゃ》でお茶漬《ちゃづ》けもできて
満足度《まんぞくど》高《たか》しでした

あなたの腸、僕の腸

海藻？　そもそも英語の呼び名が原因で、長い間ずっと軽蔑していた。「seaweed（海の雑草）」と言えば、美味しい感じはしないだろう？　また、2000年前の古典文学でも、海藻は「無価値な物」として悪く描かれている。だから僕は悪い固定観念を持って育った。幸い、日本滞在がきっかけでその偏見が解けた。具体的には、おしゃぶり昆布に出会ったこと。甘くなくてちょっとしょっぱくて、梅味で。西洋で似たものは……しいて言えば、ビーフジャーキーかな。いずれにしても、一時期ハマってしまった。

　その後はワカメそばや海苔巻きなど日本人に負けないくらい、僕も海藻はなんでも楽しめるようになった。外国人が海藻の多糖類をまったく消化できていないと聞くと、複雑な心境。「一生懸命食べているのに」と思うところがある。でも反対に、「食物繊維を増やせ」とお

教えられるウソ

小学校でいくつかウソをつかれた。その一つは、「排水口の渦巻きは、北半球では時計回りで、南半球では反時計回りだ」というやつ。これは違う。渦巻きは時計回りだったり反時計回りだったりするが、これはシンクの形など諸条件で決まり、何半球にいるかは関係ない。でも、あの頃の幼いトニーにはそれがまだわかっていなかった。「へえ、じゃあ、飛行機に乗って蛇口をひねって水を流しっぱなしにすると、赤道を越えた時、渦巻きが逆回転しはじめるってこと？　じっと見ていれば、目で確認できる？」と、手を挙げて聞いたら、先生に睨まれた。「飛行機の中で水を流しっぱなしにしてはいけませんっ」

　もう一つのウソはこれ。「ああして扇いでいると、余計暑くなるだけよ」。どこの小学校でもそうだと思うが、汗をかくくらい温度が上がれば、生徒は暑くて扇ぎはじめる。見る限り、日本でそうしてもあまり注意されないようだが、我が校で

Tony's column

医者さんがよく言うではないか。消化できない分だけカロリーを摂らないおかげで、繊維として体を通り、幾分だがお腹は膨らんでこなかった、とも言える。
今の僕でも、腸内細菌に新たな遺伝子を与えてやれば、海藻を消化できるようになれるかもしれない。それを試みたくなるシナリオが一つだけ想像できる。それは、数年先に始まるであろう火星の植民地化計画だ。これには食料問題が付きものだが、もし、僕がその栄えあるミッションに選ばれたら（十分ありうる）、自分の貢献として海藻を持っていこう。海藻とそれを育てるノウハウと、さらにそれを消化する仕組みを体内に持っていれば、エネルギー源問題は解決。大昔、海があった火星には海藻もあった（たぶん）。ということは、海藻は今の火星人に「懐かしい味」として人気が出るかもしれない。火星行きの出発に備え、お土産として海苔を少々、荷物の中に。

はすぐ叱られたものだ。でも問題はそれだけではない。その上、誤った科学的事実を先生から教えられたのだ。「余計暑くなる」
先生、何ということを!? 汗が目にしみる日々をどれだけ過ごしたことか！ 当時のあの教室で、天井から響き渡るように、今、大きな声で叫びたい。
「ほっといて！ 人は自然に扇ぎたくなる！」
確かに扇ぐ時、腕が上下や左右に動くから体は多少暑くなる。しかし顔が爽やかになり、送られてくるちょっとした風で、暑い時は多少耐えやすくなるではないか。少し考えればわかる——巧みに作られた扇子や団扇《うちわ》に人を涼しくし、心地よくさせる効果がなければ、１０００年以上の歴史を刻むことはなかっただろう。
日本で発祥した扇子を使う文化が、我が生まれ故郷でもそろそろ認められますように！

第5話　日本橋、桜の船旅

今回《こんかい》はまず日本橋《にほんばし》のたもとから出《で》ている船《ふね》に乗《の》ってみました
ガイドは吉田《よしだ》さん
この日本橋《にほんばし》のライトに付《つ》いてる麒麟《きりん》の足《あし》が台座《だいざ》からちょっとはみだしてるんですけど
だいたい2万人《まんにん》が作業《さぎょう》したんで大《おお》きさをミスしちゃったんですねー
最初《さいしょ》の方《ほう》は高速道路《こうそくどうろ》の下《した》
雨《あめ》に濡《ぬ》れずに船《ふね》に乗《の》れるのがいいところだね
超ポジティブシンキング
明るいとこだけ見る男

船《ふね》は水門《すいもん》や
いろんな橋《はし》の
下《した》を通《とお》る
赤穂浪士が吉良上野介の頭を槍に刺して行進したという亀島橋
亀島橋
当時は木の橋
そして広《ひろ》い隅田川《すみだがわ》へ
桜《さくら》はまだ三分《さんぶ》〜四分《しぶ》咲《ざ》きくらいでしょうか
この時期《じき》でよかったんじゃない？
満開《まんかい》になったらどのくらいキレイかって想像《そうぞう》の世界《せかい》に入《はい》れるから
ポジティブこうげきでのっぺらぼうに
桜《さくら》って葉《は》っぱナシで花《はな》だけが咲《さ》いてるからこんなにキレイなんだと思《おも》うなー
そうだね初《はじ》めて見《み》るのは日中《にっちゅう》がいいと思《おも》う花《はな》びらのバクハツがあるから
そして枝が下がってきて花を見せてくれる優しさ
ソメイヨシノはクローンなんですよね
江戸・染井村の植木職人たちが開発したとされていて「挿し木」か「接木」で増やしている
なので開花予想もできるけど病気が広がる問題も

染井村＝今の豊島区辺り

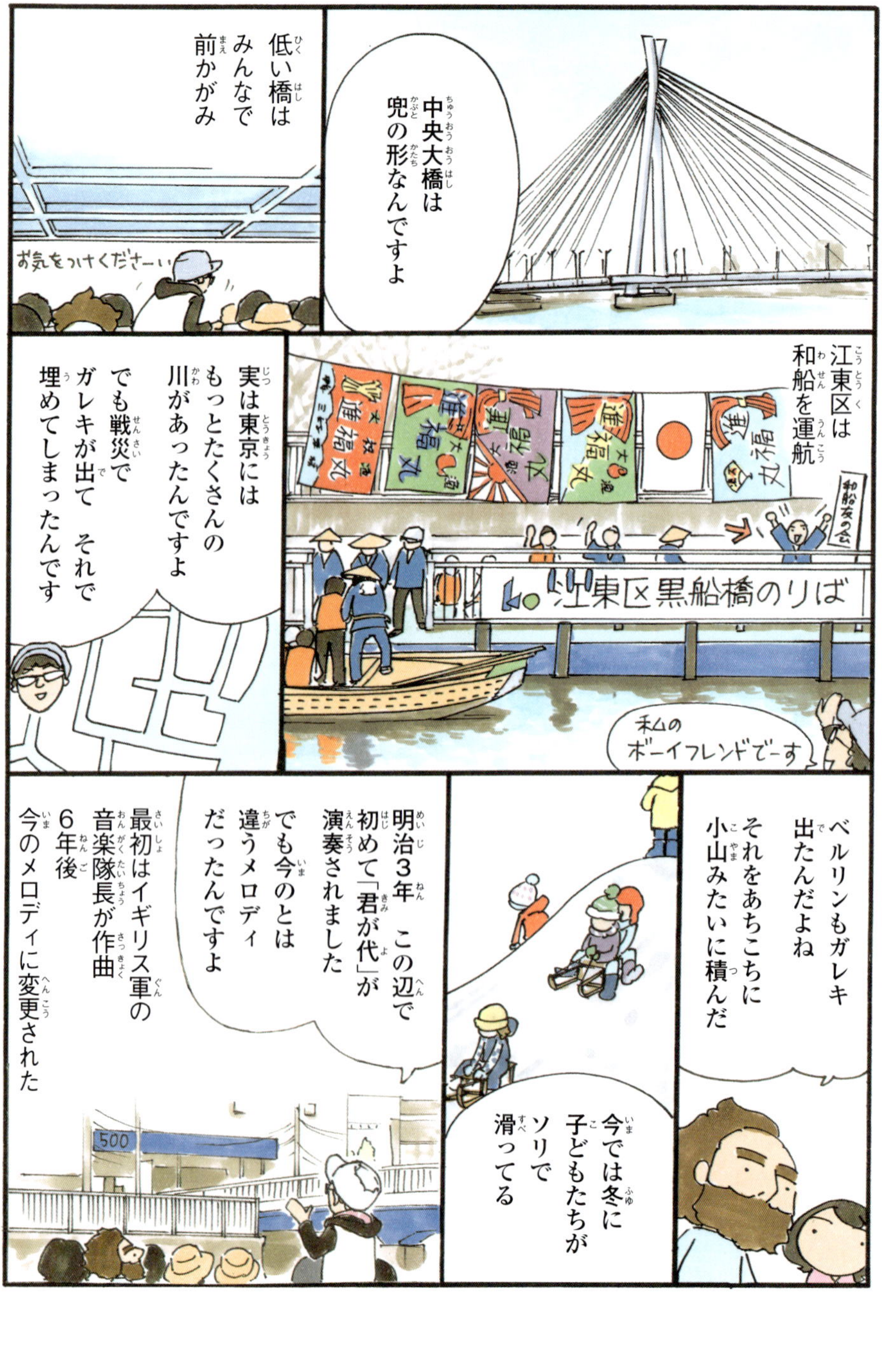
中央大橋《ちゅうおうおおはし》は兜《かぶと》の形《かたち》なんですよ
低《ひく》い橋《はし》はみんなで前《まえ》かがみ
お気をつけくださーい
江東区《こうとうく》は和船《わせん》を運航《うんこう》
和船友の会
江東区黒船橋のりば
私のボーイフレンドでーす
実《じつ》は東京《とうきょう》にはもっとたくさんの川《かわ》があったんですよ
でも戦災《せんさい》でガレキが出《で》て　それで埋《う》めてしまったんです
ベルリンもガレキ出《で》たんだよね
それをあちこちに小山《こやま》みたいに積《つ》んだ
今《いま》では冬《ふゆ》に子《こ》どもたちがソリで滑《すべ》ってる
明治《めいじ》3年　この辺《へん》で初《はじ》めて「君《きみ》が代《よ》」が演奏《えんそう》されました
でも今《いま》のとは違《ちが》うメロディだったんですよ
最初《さいしょ》はイギリス軍《ぐん》の音楽隊長《おんがくたいちょう》が作曲《さっきょく》
6年後《ねんご》
今《いま》のメロディに変更《へんこう》された
500

約《やく》60分《ぷん》で乗《の》り場《ば》に帰着《きちゃく》
話《はなし》があるから橋《はし》が多《おお》い方《ほう》がいいし見《み》るものが多《おお》いから狭《せま》い川《かわ》で岸《きし》が近《ちか》い方《ほう》がいいですね
船長さん
船員さん
面白かったー
さっき船《ふね》で松尾芭蕉《まつおばしょう》はもともとは三越《みつこし》の辺《あた》りに住《す》んでたって言《い》ってたね
「三越《みつこし》」
三越
MITSUKOSHI
のれん桜色《さくらいろ》！
ステキ
ソックリです
このライオンはロンドンのトラファルガー広場《ひろば》の像《ぞう》を模《も》したんだって
昔だからね、うん。
今なら模さないよね！
でもトラファルガーのライオンはその数年前《すうねんまえ》にできたブダペストの「くさり橋《ばし》」の像《ぞう》をマネしたんじゃないかって言《い》われてる
その前は…はたして？

ランチは鰻《うなぎ》の「美国屋《みくにや》」へ
本日の鰻は愛知産です
生きてます
あ 産地《さんち》が書《か》いてある
頼《たの》んだのはうな重《じゅう》の中《ちゅう》
お重《じゅう》の絵《え》いいね
日本橋
店主 森下俊之さん
でも最近《さいきん》は中国産《ちゅうごくさん》も大丈夫《だいじょうぶ》ですよ日本《にほん》へ入《はい》る分《ぶん》はちゃんと検査《けんさ》されてますし
妻 紀代子さん
なんか現代的《げんだいてき》な絵《え》があちこちに
日野皓正《ひのてるまさ》さんの絵《え》なんですよ知《し》り合《あ》いなので
ジャズと鰻《うなぎ》…いいと思《おも》う
テキトーに言ってないか
鰻《うなぎ》も抵抗《ていこう》ある外国人《がいこくじん》多《おお》くない？
まぁ形《かたち》がね…はっきりしすぎてるから
ほぼヘビっていう
トニーは迷《まよ》いなく食《た》べた？
A
B

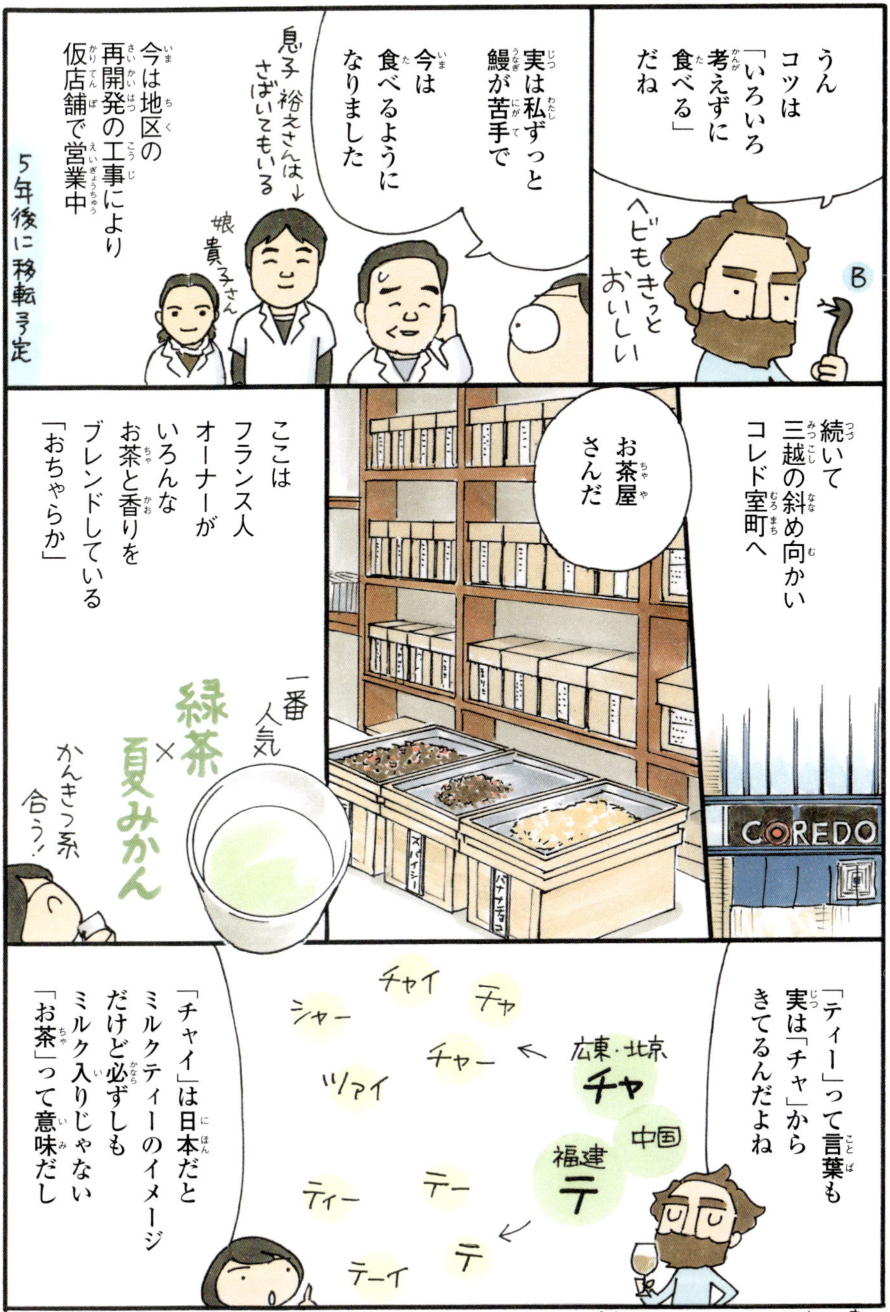

冷茶は ワイングラスで出される事も

続《つづ》いて だしの 「にんべん」へ
※鰹節を削ってます
しゅぱーっ
大振り
鰹節《かつおぶし》って 「くんせい」にして カビも 付《つ》けてるんだね
実《じつ》は 「くんせい」 するからか 体《からだ》に悪《わる》い成分《せいぶん》が 少《すこ》しあって 輸入《ゆにゅう》を規制《きせい》してる 国《くに》もある
鰹を 解体できるぬいぐるみ販売中
しかし最近《さいきん》 その成分《せいぶん》を 低減《ていげん》する 技術《ぎじゅつ》ができ フランスで 生産《せいさん》が 始《はじ》まったとか
やったー
近《ちか》くに同《おな》じく だしの「茅乃舎《かやのや》」も
野菜だしなど 飲み比べが できる
甲乙 つけがたい
煎り酒
おやつに 「榮太樓《えいたろう》 雪月花《せつげつか》」へ
小倉 ぜんざい
あんがつぶで おもちのびる しあわせ

抹茶セット
名物
クリームあんみつ
黒みつ
上生菓子
このお菓子《かし》の名前《なまえ》はなんですか？
「水《みず》ぬるむ」でございます
暖かくなり川辺に鳥が戻ってくる様子を表現
そのセンスしびれる…
スタッフの対応もカンペキ
抹茶《まっちゃ》は今《いま》やフランスやドイツで大《だい》ブームと言《い》っていいほど
ドラッグストアなどにも
TEE
matcha LATTE
抹茶ラテ
フツーのカフェにも
レモネード
抹茶味
Bio Zisch Matcha
抹茶の味がしないかまずいかの二択
スタバの抹茶《まっちゃ》ラテがきっかけだったみたい
昔《むかし》は川《かわ》で物資《ぶっし》を運《はこ》んでたから川沿《かわぞ》いの街《まち》が大《おお》きく発展《はってん》したんだよね
大規模工事の中一棟だけ残るビルも
日本橋《にほんばし》はずっと栄《さか》えてて老舗《しにせ》も多《おお》い…再開発《さいかいはつ》でどう変《か》わっていくんだろう
これからの変化《へんか》も見《み》に行《い》きたい街《まち》です

ライオン像の真実⁉

「なぜ日本橋にはライオン像があるのだろう？」

ん……それについて考えたことはない。正直、「さあ、なぜだろう」と答えたいところだ。でもそれでは「質問を質問で返す」ことになる。それは基本的な掟に反するはずなので、いけない。それにさおりがツッコミを入れてくる。やはり、少し考えることに。

「……うんと、銀座三越の前にもあるよね。日本橋にあるのは、たぶん、銀座にあるのと同じ理由さ」と、こう言ってみようかな。でもこれもまたまずい、きっと。あまり答えになっていない。

「待ち合わせ場所として便利。渋谷のハチ公みたいに？」

待てよ。「トラファルガー広場にあるライオン像にそっくりだ」って。「よかった。謎が解けた。ロンドンのあれと同じだな」。でも、どうしてトラファルガー広場にライオン像があるの？ 調べて

ドンと鰻

鰻は英語でイールと言う。その語源ははっきりしないが、勘で言えば、これは擬声語、擬態語だと思う。つまり、人が鰻のクネクネして泳いでいる様子を見たときの、あるいはそのツルツル感を手で確かめたときの感想である。このとき口から出るであろう音を伸ばせば、少なくとも英語母語話者にとってはわかりやすいと思う。「イール」は決して「なんと美しい」など、快感を表している音ではない。むしろ嫌悪。

北欧をはじめとするいろんな地域で鰻は好んで食べられているが、僕が育ったところにはそういう名物料理がなく、初めてこれを食べたのは来日してからだ。その割にはすぐに食べられた。そのコツはイールと思わず、鰻を食すると思うことだ。イールなら、未だにあまり食べたいと思わない。

この料理をエンジョイするために、もう一つ大事なのは「関東風か関西風か」

Tony's column

みると、ロンドンのライオン像はブダペストにあるライオン像を意識してできた。そう、ロンドンにあるのはブダペストのをパクったのだ。

でも、「なぜブダペストにライオン像があるの？」。……聞かないでくれ！

ブダペストにあるのは、ローマ帝国やギリシャに、さらにエジプトにあったからだ。その前はどうか？　もっとも古いライオンのイメージは、今から約一万年前の洞窟の壁画だ。当時、洞窟にライオンが生息していて、原始人がそのライオンの毛皮を手に入れるために追いかけていた。ちょっとやりすぎて、その洞窟のライオンを絶滅させてしまった。今では、ライオンは力と勇気のシンボルだ。でも原始人にとっては、寒い冬を越すための「服」を意味していただろう。

では、なぜライオン像が日本橋にあるのか？　それは、こうして頭を悩ませるためなのでは？

という問題をうまく避けることだ。つまり、関東のように蒸してから焼いた方がいいか、関西のように蒸さない方がいいか。この問いに対しての正解はきっとあるだろう。きっとあるけれど、半生鰻を食べてこなかった僕にとっては、それがなんとも……。

逆に言えるのは、日本の調理法はだいぶ優れているということ。北欧では燻製にしたり、ピクルスにしたりしている。イギリスには伝統的なゼリー寄せがある。どちらも日本風に負ける。だから、関東か関西かなど細かい問題を語るより、まだ「日本の」美味しさを知らないかわいそうな人にUNAGIを食べてもらってほしい。「これ、なに料理」という話になれば、「鰻」と答え、その語源を説明してあげよう。

う＝身（もともと「む」）、そして、なぎ＝長い。身の長い魚、それが鰻だ。

「うな丼、一丁！」

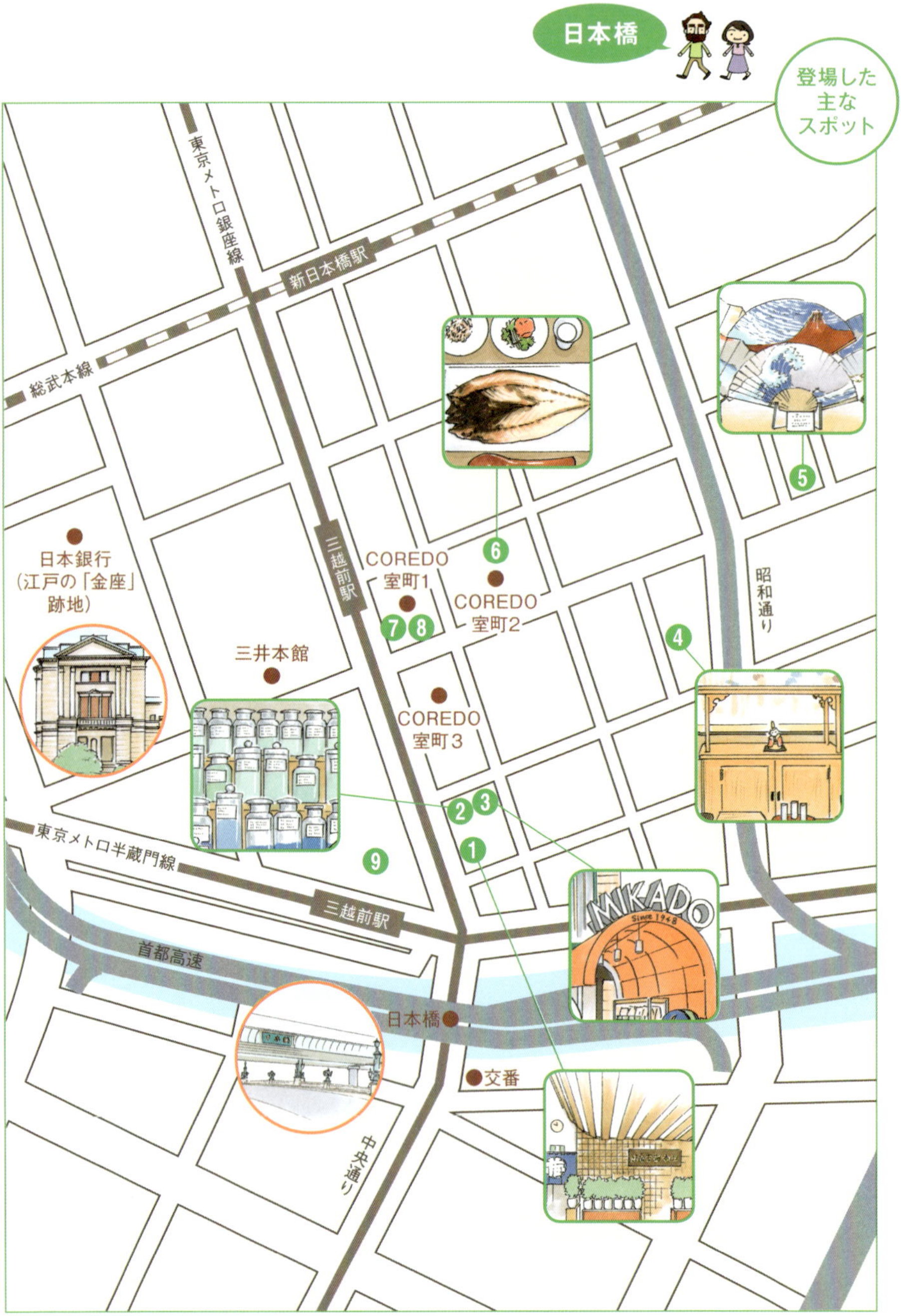

❻	❺	❹	❸	❷	❶
干物まる 日本橋COREDO室町店 東京都中央区日本橋室町2-3-1 COREDO室町2・地下1階	**伊場仙** 東京都中央区 日本橋小舟町 4-1	**小林宝林堂** 東京都中央区 日本橋本町 1-4-13	**ミカド珈琲店 日本橋本店** 東京都中央区 日本橋室町1-6-7	**有便堂** 東京都中央区 日本橋室町 1-6-6	**山本海苔店 日本橋本店** 東京都中央区 日本橋室町1-6-3

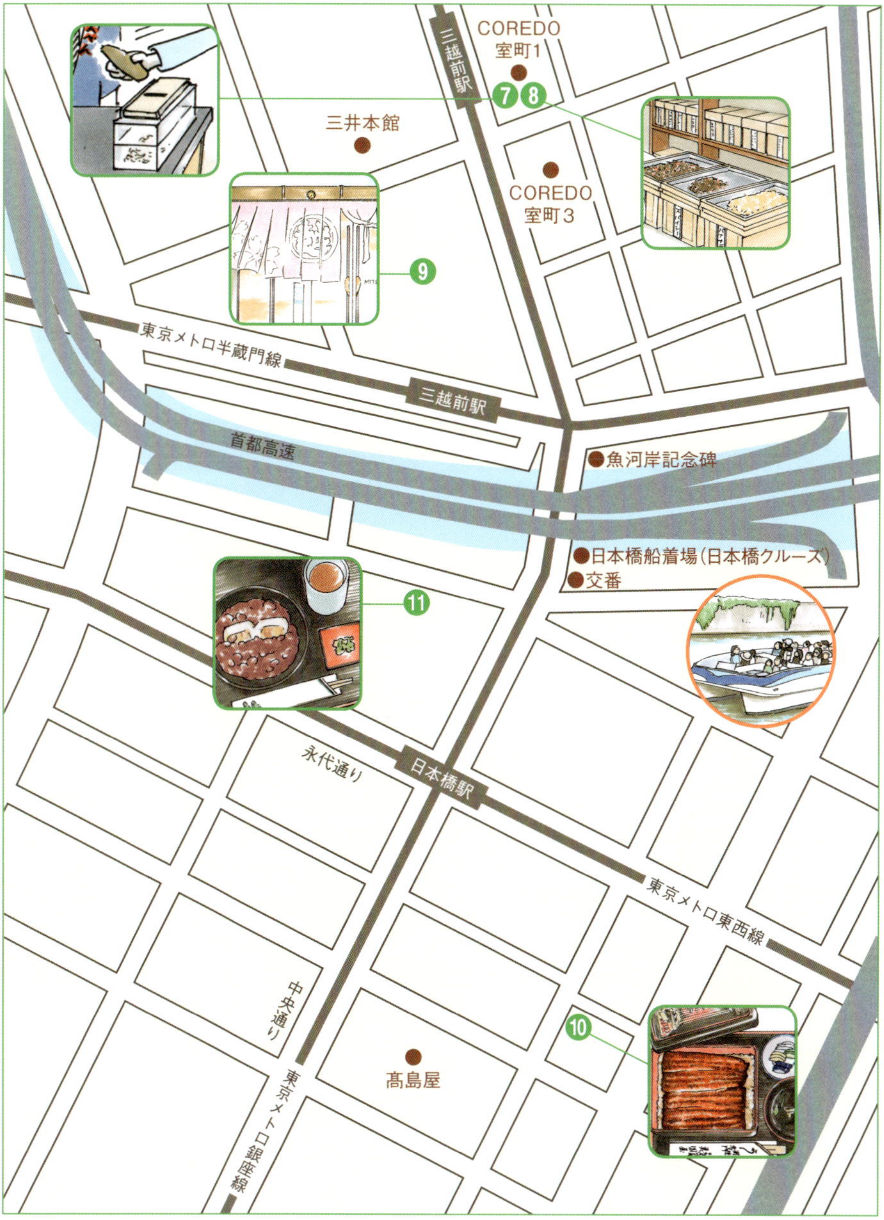

11	10	9	8	7
榮太樓總本舗 喫茶室 雪月花 日本橋本店 東京都中央区 日本橋1-2-5	**日本橋 鰻 美国屋** 東京都中央区 日本橋2-10-2	**日本橋三越本店** 東京都中央区 日本橋室町1-4-1	**おちゃらか COREDO室町店** 東京都中央区日本橋室町 2-2-1 COREDO室町1・地下1階	**にんべん 日本橋本店** 東京都中央区 日本橋室町2-2-1 COREDO室町1・1階

第6話　スシとポンス

↑銀座役所趾の碑

江戸《えど》の「金座《きんざ》」跡《あと》は日本銀行《にっぽんぎんこう》になっている
近くには「金座通り」も
ひょっとして銀座《ぎんざ》じゃなくて金座《きんざ》って地名《ちめい》になってたかもねー
→たまたま見かけた「何か生まれそうなビル」
さてまずそんな銀座《ぎんざ》でできる「寿司体験《すしたいけん》教室《きょうしつ》」へ
一度《いちど》ちゃんと習《なら》いたいって思《おも》ってた！
なぜならベルリンでの持《も》ち寄《よ》りパーティに巻《ま》き寿司《ずし》をよく持《も》っていくから
すし大人気
メニューに悩《なや》まずみんなが喜《よろこ》ぶつまり
日本人なら巻いとけ！
はい!!
新しいちょんまげくらいの気合で！
↑天の声
しかし日本《にほん》では巻いてなかった私《わたし》
油断するとネタが真ん中からズレる…
ちまちま修正
ということで体験先《たいけんさき》のお店《みせ》「がんこ」に着《つ》くとハッピ&ハチマキが用意《ようい》されていた
お客《きゃく》さんはほぼ外国人《がいこくじん》らしいから喜《よろこ》ぶだろうね
正座
このコースはハッピは貸し出し
ハチマキはもらえたが しなかった

最初《さいしょ》に「寿司《すし》の歴史《れきし》」
東南《とうなん》アジアで生《う》まれて日本《にほん》へ…
↑ふだんは通訳さんが各言語に
CHINA
JAPAN
Southeast Asia
We love RICE We love FISH
先生《せんせい》が登場《とうじょう》し鯛《たい》をおろして切《き》り身《み》にするまでを見《み》せてくれる
光武《みつたけ》先生 26歳
お刺身《さしみ》の時《とき》は普通《ふつう》に切《き》りますがお寿司《すし》に使《つか》う時《とき》は角度《かくど》をつけるとキレイなんですよ
お寿司《すし》のヒミツ①
角度がついているとキレイに見える
ココ
フツーのお刺身
角度《かくど》をつけるのは簡単《かんたん》です
最後《さいご》に包丁《ほうちょう》を立《た》てればいいんですよ
続《つづ》いて巻《ま》き寿司《ずし》を習《なら》う
1 海苔にご飯(酢飯)をのせて
↕1cmあける
2 右へのばす
3 両端からおろす
いつも家《いえ》で作《つく》る時《とき》一番《いちばん》の難関《なんかん》が「米《こめ》ひろげ」
↑造語
先生《せんせい》薄《うす》く広《ひろ》げるのが難《むずか》しいんですけど
いくらお米があっても足りなくなってくる
四隅《よすみ》を高《たか》くしてください
このお米の量で四隅を高くって!?
できればこう
真ん中が低いイメージ
米
海苔

真《ま》ん中《なか》は一粒《ひとつぶ》くらいで大丈夫《だいじょうぶ》ですよ
先生のは穴があいてる
えーとボク多《おお》くもらったってことないですか
多《おお》いですね
もらったろ
妖怪コメタラズ
↑用意されていた
4
ご飯にワサビを塗りキュウリを置いて
5
下半分のご飯を上半分のご飯にのせるようにキュウリを押さえつつ閉じる
力入れずに
6
1cmあけた「のりしろ」へ転がす
丸いイメージだけど四角なのよね
7
ちょっと持ちあげて空洞をつくるようにしてから軽く押さえる
8
完成
2本《ほん》目《め》はマグロ
トニーも巻《ま》けるといいよね
誰《だれ》か来《き》た時《とき》喜《よろこ》ばれるし
えーとがんばる
何かをごまかし中
そしてメインの握《にぎ》り
ご飯《はん》このくらい持《も》ってください12gです
これ13gかな?
20gあります
逆《ぎゃく》の手《て》でお刺身《さしみ》を持《も》ち
それにご飯《はん》をのせて…なんと!

穴《あな》をあけます
お寿司《すし》のヒミツ②
穴
それから空気を閉じこめるように閉じる
こんなことやってたんだ！
職人《しょくにん》はご飯《はん》とった時《とき》に片手《かたて》でやってます
形《かたち》を整《ととの》えて完成《かんせい》
イカはペケペケが上になるように…
おそかった…
関西《かんさい》と関東《かんとう》の違《ちが》いは？
関西《かんさい》の方《ほう》が旬《しゅん》のものが出《で》ますかね
夏はハモ
冬はヒラメとか
光武《みつたけ》さんはいわゆる「修業《しゅぎょう》」をしていない
最近《さいきん》「寿司屋《すしや》の修業《しゅぎょう》はいらない」って話題《わだい》になりましたが…
どうですか？
にぎにぎ
気配《きくば》りとかキレイにする仕方《しかた》がわからないですね…技《わざ》は盗《ぬす》みますけど
でも家で特訓するなど努力家
天《てん》ぷらがきて自分《じぶん》で握《にぎ》ったお寿司《すし》でランチ
私たちが握ってる間に先生が切ってくれた
「飾り寿司」も習った

※ベルリンの物価は日本より2〜3割安い感じ

近く《ちか》にある京橋《きょうばし》の親柱《おやばしら》の「擬宝珠《ぎぼし》」を模《も》したんだって
「擬宝珠《ぎぼし》」とは「宝珠《ほうじゅ》」を模《も》したとされるもの
「宝珠」
災いをとり除き思い通りになる珠
キリスト教の「宝珠」権威の象徴
「擬宝珠」
お寺や神社、橋の欄干にある飾り
ネギの花からきているという説も
京橋《きょうばし》には復元《ふくげん》されてるけど「ガス燈《とう》」も同《おな》じタイトルの映画《えいが》があって
Gaslight
「ガス燈」
(1944年 アメリカ)
イングリッド・バーグマン
夫に「物忘れが激しい」と責められ続けた妻は自分がおかしくなったと思いこみ 追いつめられていく…というサスペンス映画
そこから「ガスライティング」って言葉《ことば》が生《う》まれたんだよ
「ガスライティング」
人を陥れる心理的虐待のひとつ
被害者の自信や記憶、正気を喪失させていく手法
トランプ・クリントン大統領選でまた使われるように
ベルリンではガス燈《とう》まだ使《つか》ってるよね
ベルリンのいいところの一《ひと》つだな
あ こういう吊《つ》り看板《かんばん》ってドイツが本場《ほんば》?
修理
そうだね 中世《ちゅうせい》には文字《もじ》が読《よ》めない人《ひと》がいっぱいいたから絵《え》にしたんだね
ドイツの パン屋さん

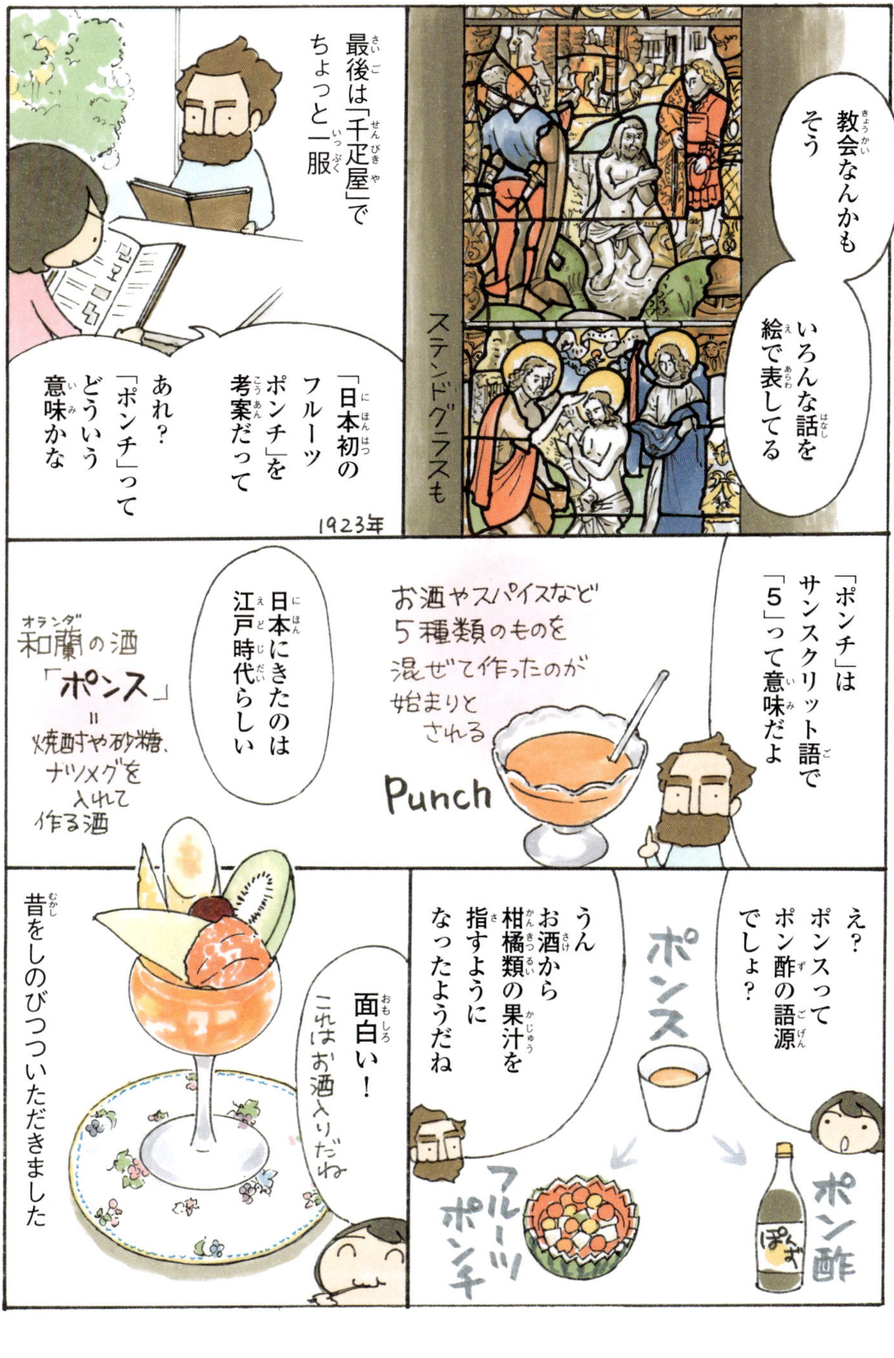
教会《きょうかい》なんかもそう
いろんな話《はなし》を絵《え》で表《あらわ》してる
ステンドグラスも
最後《さいご》は「千疋屋《せんびきや》」でちょっと一服《いっぷく》
「日本初《にほんはつ》のフルーツポンチ」を考案《こうあん》だって
1923年
あれ? 「ポンチ」ってどういう意味《いみ》かな
「ポンチ」はサンスクリット語《ご》で「5」って意味《いみ》だよ
お酒やスパイスなど5種類のものを混ぜて作ったのが始まりとされる
Punch
日本《にほん》にきたのは江戸時代《えどじだい》らしい
和蘭《オランダ》の酒「ポンス」＝焼酎や砂糖、ナツメグを入れて作る酒
え? ポンスってポン酢《ず》の語源《ごげん》でしょ?
ポンス
うん お酒《さけ》から柑橘類《かんきつるい》の果汁《かじゅう》を指《さ》すようになったようだね
フルーツポンチ
ポン酢
ぽんず
面白《おもしろ》い!
これはお酒入りだね
昔《むかし》をしのびつついただきました

和食のチカラ

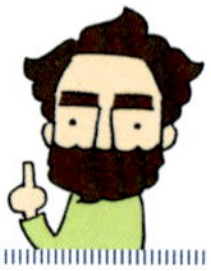

「保守」として育ったとしか言いようがない。少なくとも料理においては。
　その証拠に、まず両親。何度か日本料理屋に連れて行こうとしたのだが、いつも抵抗され、やがて紹介するのを諦めた。和食に挑戦しなかったのは無理もないことかもしれない。彼らには、和食＝ナマモノ＝できない、というイメージがあったようだ。うちの食卓に上るのはミートローフやポークチョップという、よくあるアメリカの庶民的な料理だった。
　当時の僕だってそう違わなかったはず。育った町にも日本料理屋はどこかにあったのだろうが、見たことも聞いたこともなかった。電車に乗って40分というマンハッタンに行けば評判のいい店があったのに、そこでも食べることはなかった。初めて寿司を口にしたのは故郷を離れ、テキサス州ダラス市に移ったあとのこと。
　ちょっとした祝い事に、ルームメイトと一緒に入ったそのレストランを、未だ

ポスト「ポスト真実」

映画『ガス燈』は強烈な話だ。主人公が夫から毎日いじめられ、頭が変になっている、と思い込まされていく。幸い、我が家はそれとは似ていない。……少しも。
　個人的な話はさて置き、戦後に誕生したこの「ガスライティング」が今、流行り言葉になっているのは興味深い。映画ではガスライティングされるのは一人の女性だけれど、今の使い方は少し違う。精神的操作をしようとするのは権力者であり、被害者は複数、つまり大衆である。
　それでも肝心な共通点がある。ガスライティングをされる側は、どんどん混乱していく。どの情報源を信じていいかが見えず、世の中の出来事に対して感情的に、あるいは無関心になる。簡単に陰謀説や妄想に執着し、場合によっては自分の正気を疑う。
　もう一つ最近目にするのが「アグノトロジー（agnotology）」。日本語では「無

Tony's column

に鮮明に覚えている。表に灯篭のある庭園があった。「鯉が泳いでいる!」。館内には着物姿の店員がいた。ルームメイトが鍋を頼んだ。「テーブルまで来て調理している!」。僕には寿司の盛り合わせが届けられた。ネタは全部覚えていないが、トロを食べたのは確かだ。あれほど美味しいものを口にしたのは初めてだったので、ウェイターに聞いて確かめた記憶がある。

保守派にも、なぜ和食が美味しく思えたか。原因の一つは僕にある。たぶん、両親にはない柔軟性と好奇心が潜んでいる。でも、もう一つはあのレストランのよさ。おそらく、妥協なく日本の味と雰囲気を提供しつつ、現地の人にもどうにか暖簾《のれん》をくぐれるようにしたのだろう。その2、3年後、日本に行って、やがて20年以上滞在することになった。この二つの出来事に因果関係があるかどうかは……わからない。

知論」だが、これは単なる無知の研究ではなく、「社会無知を植え付ける」ことを研究するものだ。

誰かが特定の意図を持ってそうしているのが、この学問の前提にある。たとえばこれは、温暖化対策を語る時に出てくる。温暖化対策が必要と考えている人はずいぶん多くなったが、それを認めない人もいる。問題になっていないと言い張ったり、また温暖化現象そのものを否定する人もいる。明確に証明しても、らちがあかない。こういう人々の固定観念が、どう育てられたかを研究するのが無知論。

ガスライティングや無知論が語られるのは、僕にとって心強い。少なくとも、人々が「ポスト真実社会だ」とだけ言い、その現象を受身で観察するよりはましだろう。解決にはならないが、嘘と真実が混乱されやすい昨今、せめてその背景と原因について考えたほうがいい。

第７話　銀座の迷宮

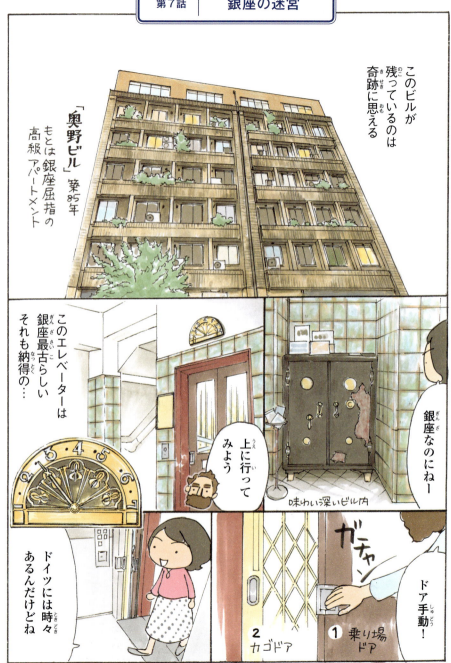

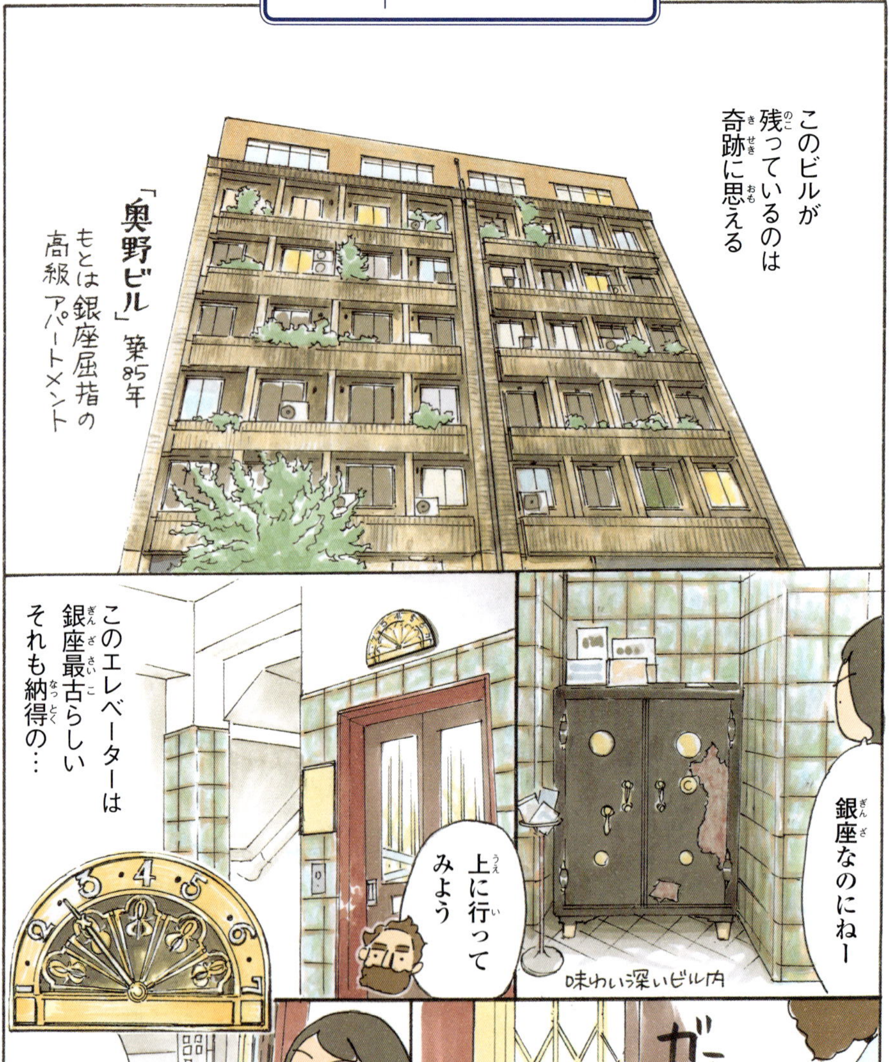
このビルが残《のこ》っているのは奇跡《きせき》に思《おも》える
「奥野ビル」築85年
もとは銀座屈指の高級アパートメント
銀座《ぎんざ》なのにねー
味わい深いビル内
上《うえ》に行《い》ってみよう
このエレベーターは銀座《ぎんざ》最古《さいこ》らしい それも納得《なっとく》の…
ガチャン
ドア手動《しゅどう》！
1 乗り場ドア
2 カゴドア
ドイツには時々《ときどき》あるんだけどね

ガシャ
中《なか》からまた
2枚《まい》ドアを閉《し》めて
行《い》き先階《さきかい》を押《お》す
バネ強め
ウィーン
カゴドアにガラスはない
指…出しちゃダメだよ
ダメ?
ちなみにヨーロッパには
100年前《ねんまえ》のエレベーターが
まだある
今《いま》だ!
ドアがなくカゴが
ずっと回《まわ》っているもの
ドイツにもあるしいつか乗りたい
→この後、夢かないました!ちょっと恐かった…
さて上階《じょうかい》に
着《つ》くと
天井のはがれ…
迷宮感
今《いま》はギャラリーや
アートショップが入居《にゅうきょ》
丸《まる》い窓《まど》!
モダンだったんだろうなー

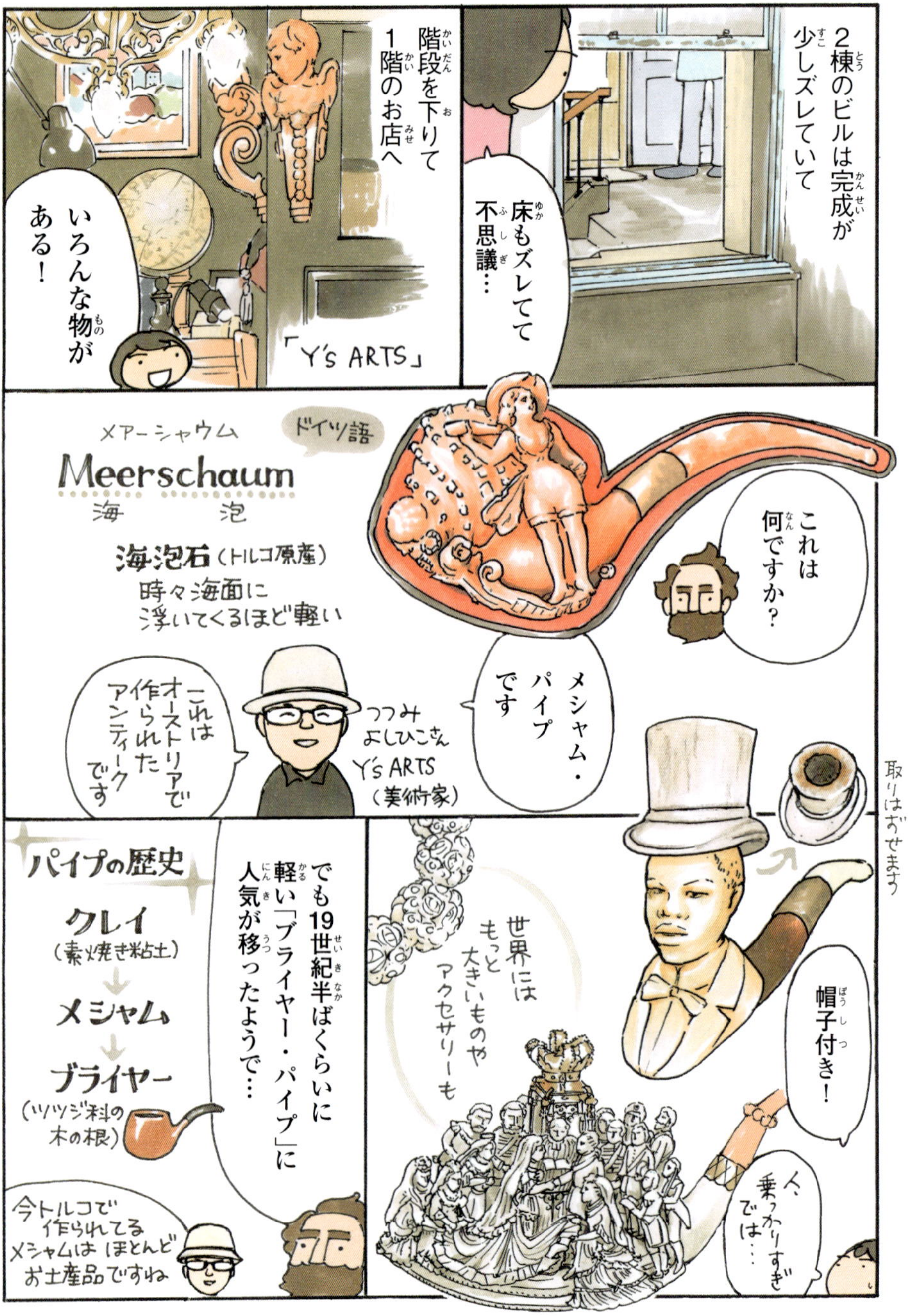
2棟《とう》のビルは完成《かんせい》が少《すこ》しズレていて
床《ゆか》もズレてて不思議《ふしぎ》…
階段《かいだん》を下《お》りて1階《かい》のお店《みせ》へ
「Y's ARTS」
いろんな物《もの》がある！
これは何《なん》ですか？
メシャム・パイプです
つつみよしひこさん
Y's ARTS（美術家）
これはオーストリアで作られたアンティークです
ドイツ語
メアーシャウム
Meerschaum
海 泡
海泡石（トルコ原産）
時々海面に浮いてくるほど軽い
取りはずせます
帽子《ぼうし》付《つ》き！
人、乗っかりすぎでは…
世界にはもっと大きいものやアクセサリーも
でも19世紀半《せいきなか》ばくらいに軽《かる》い「ブライヤー・パイプ」に人気《にんき》が移《うつ》ったようで…
パイプの歴史
クレイ（素焼き粘土）
メシャム
ブライヤー（ツツジ科の木の根）
今トルコで作られてるメシャムはほとんどお土産品ですね

そういえばマッカーサーの使《つか》ってたパイプは「とうもろこしの芯《しん》」なんだよ
とうもろこしの!? 芯!?
もとはアメリカの農民《のうみん》が作《つく》ってたのをその後《ご》メーカーも生産《せいさん》し始《はじ》めたんだけど
マッカーサーは自分《じぶん》でデザインしたって
コーンコブ(芯)・パイプ
↑粒の跡あり
長《なが》すぎて使《つか》いにくかったんじゃないかって言《い》われてる
でも彼《かれ》は帽子《ぼうし》やサングラスにもこだわりがあったみたいだから
「美学《びがく》」だね
帽子がよく斜めなのもそうかな
マーク・トウェインもコーンコブ・パイプの愛用者
ブライヤーも使い葉巻も吸っていた
→初代
あとポパイも
奥野《おくの》ビルずっとあるといいなー
日本《にほん》はビルとか壊《こわ》し過《す》ぎだよね
うん
でも最近《さいきん》は寿命《じゅみょう》の長《なが》いコンクリートも出《で》てきた
素材面では期待できるかも

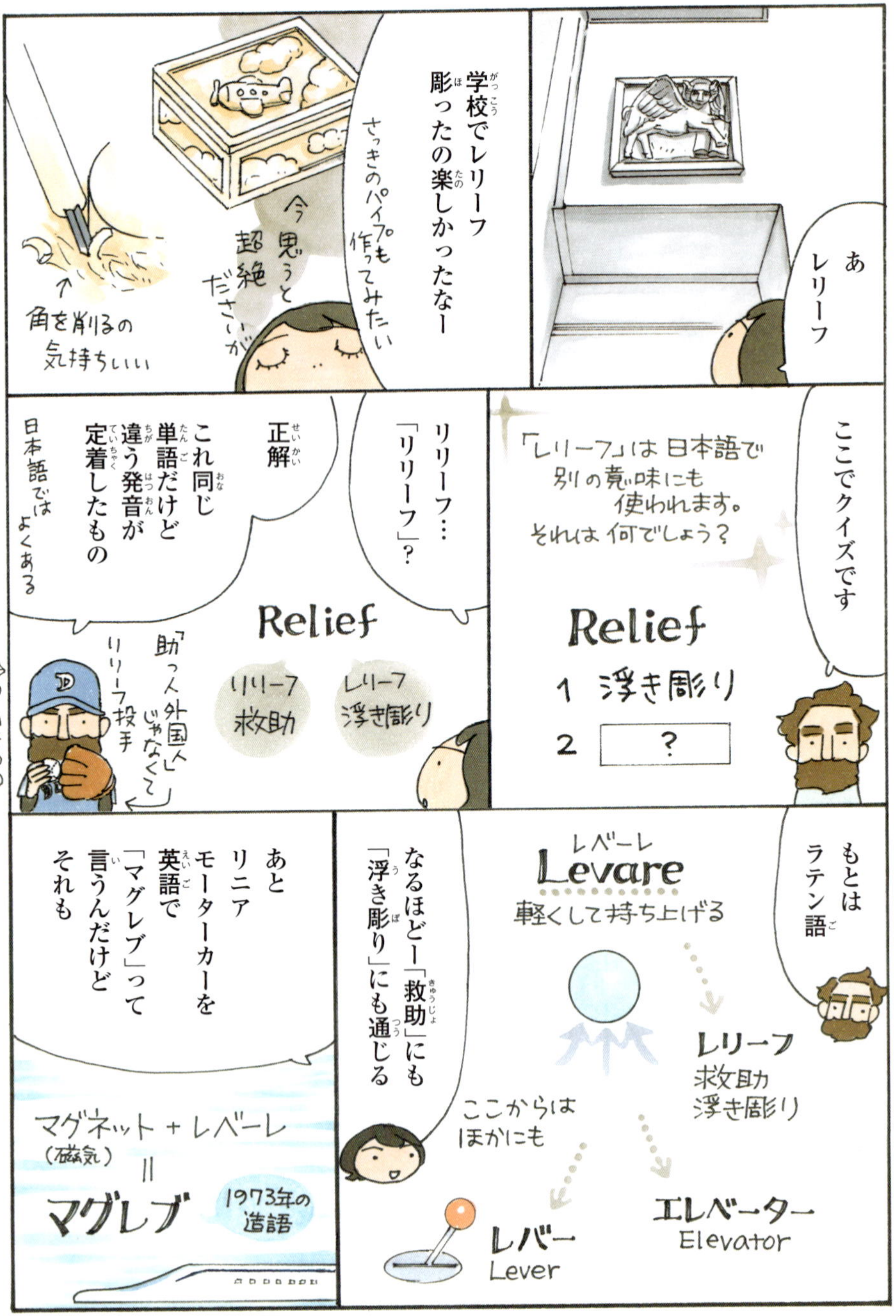

あ
レリーフ
学校《がっこう》でレリーフ彫《ほ》ったの楽《たの》しかったなー
さっきのパイプも作ってみたい
今思うと超絶ださいが
角を削るの気持ちいい
ここでクイズです
「レリーフ」は日本語で別の意味にも使われます。それは何でしょう？
Relief
1 浮き彫り
2 ？
リリーフ…「リリーフ」？
正解《せいかい》
これ同《おな》じ単語《たんご》だけど違《ちが》う発音《はつおん》が定着《ていちゃく》したもの
日本語ではよくある
Relief
リリーフ 救助
レリーフ 浮き彫り
「助っ人外国人」じゃなくてリリーフ投手
→DIMEのD
もとはラテン語《ご》
レベーレ
Levare
軽くして持ち上げる
レリーフ
救助
浮き彫り
なるほどー「救助《きゅうじょ》」にも「浮《う》き彫《ぼ》り」にも通《つう》じる
ここからはほかにも
レバー
Lever
エレベーター
Elevator
あと リニアモーターカーを英語《えいご》で「マグレブ」って言《い》うんだけどそれも
マグネット＋レベーレ
（磁気）
＝
マグレブ
1973年の造語

中央通《ちゅうおうどお》りを歩《ある》いていると…
あ「木村家《きむらや》」
あんぱん買《か》う
「珈琲」は季節モノ
珈琲あんバター
あんバター
あんことバターって人間をダメにするかのうせい
お返しクイズ
パン職人《しょくにん》さんに聞《き》いたんだけど専門学校《せんもんがっこう》のあんぱん試験《しけん》の時《とき》見《み》られるポイントはどこか知《し》ってる?
あんこだけだってじゅうぶんダメに
はてー
ココ
正解《せいかい》は「あんこの下《した》の生地《きじ》が薄《うす》いこと」でしたー
じゃあ日本中《にほんじゅう》に「○○銀座《ぎんざ》」があるけど最初《さいしょ》の街《まち》はどこでしょう?
クイズ!倍返し
えーーと下関《しものせき》ぎん…
ブブーーッ
正解《せいかい》は「戸越銀座《とごしぎんざ》」
とごしぎんざ
それには理由《りゆう》があって…

関東大震災の時
戸越に来る人が多かったが
その頃 戸越は湿地帯
ぬかるみ
そこで 銀座のレンガなどを みんなで運んで敷いた
ガス灯用耐火レンガ
「戸越銀座」誕生
その成功にあやかって 日本中にいろんな銀座誕生
当時は「とごえ」と呼ばれていたらしい
さて夕食《ゆうしょく》は ガス灯通《とうどお》りにある「煉瓦亭《れんがてい》」
メニューの表記《ひょうき》が昔《むかし》っぽい
タンシチウ
ビーフシチウ……Stewed
チキンカツレツ
グリルドチキン
ロースチキン
若鶏唐揚
「ロースチキン」 ここだね 表記《ひょうき》の難《むずか》しさは
ロースチキン
Roasted Chicken
発音《はつおん》は「ロース」に近《ちか》い でも意味《いみ》は「ロースト」でないとわからない
英語《えいご》の地名《ちめい》は例外《れいがい》が多《おお》いから ボクは読《よ》めなかったら日本語《にほんご》で確認《かくにん》するよ
カタカナ表記《ひょうき》が発音《はつおん》のジャマしてることはあるよね
まぁでも便利《べんり》な面《めん》もある だいたいの発音《はつおん》がわかるっていう
Leicester
英 レイセスター？
日 レスター
Edinburgh
英 エディンブルグ？
日 エディンバラ

ステキ！洋食《ようしょく》の世界《せかい》…
オムライスはこのお店発祥《みせはっしょう》って言《い》われてるよね
でもここのは白いご飯と具を卵に混ぜてある！初めて食べた
「オムレット」ねもとは「鉄板《てっぱん》」や「層《そう》」って意味《いみ》
オムライス
＝
オムレツ＋ライス
＝
Omelet
↑
L'alemelle
薄い板・鉄板・層
鉄板《てっぱん》で焼《や》くから？
いや卵《たまご》が焼《や》けた時《とき》薄《うす》い板《いた》というか層《そう》みたいになるからだって
同《おな》じ語源《ごげん》から「ラミネート」も生《う》まれてる
「ラミネート加工《かこう》」ね層《そう》だもんね
昔《むかし》をたどりつつ銀座《ぎんざ》の夜《よる》は更《ふ》けゆくのでした…

町の美術感

画家が実際に作業しているところを初めて見たのは8、9歳くらいの時。場所は、僕が育ったすぐ近くにあった小さなカフェ。その経営者は毎日カウンターに座り、常連とチェスをし、そして競馬新聞に目をやっていた。それに加え、絵を描いていた。画家に化けた彼は普段と違って静かになり、ひたすら絵の具をヘラでカンバスに塗って作業をしていた。

今思うと、彼の作品は「幾何学構成的絵画」の部類に入り、たぶんカンディンスキーにインスパイアされていたものだ。でも当時の僕には、どれも変わったダーツボードにしか見えなかった。目の前で、集中力と汗によって、ちょっと別世界の匂いがする、奇跡的に我が町で誕生した、どれもユニークなダーツボード。

「まだ濡れているし、触っちゃだめ」

僕が住んでいた東京の町にはさすがにそういうカフェはなかったが、それに

発音のHow to

我々、日本語を苦労して学んでいるかわいそうな人のために、言葉遊びが用意されている。たとえば「Don't touch my moustache（おれのクチヒゲに触るな）」がある。いい具合にもぐもぐしゃべったら、これが「どういたしまして」に聞こえるそうだ。「どういたしまして」は8音節もあるので初心者にとっては音が長く覚えにくい。だから慣れるまで、こういう近道に手を出したくなる人がいるのかもしれない。

「どうもありがとう」に関しても、誰かがフランス語の言い換えを考え出した。「donne moi du gâteau（私にケーキちょうだい）」。発音は「ドンヌ モワドゥ ガトー」で、「ドゥ」がちょっと邪魔のように思えるけれど、それを言わないくらい軽く言うことによってなんとなくいけるかな。

逆のパターンのほうが日本で知られていると思う。特に、「掘った芋いじるな」

Tony's column

代わって、故郷にはない小さな画廊があった。8畳くらいのこのスペースに、週替わりで展示を入れ替えていた。大通りから離れ、僕がよく通る小路に位置していたということもあって、気楽に入れそうな感じがした。

関係者に交じり、まだ幼かった息子を連れて、頻繁に覗きに行った。作品が出来上がる過程は見えなかったが、画家さんが自ら立っていた時もあった。これらの作品は我が家の日常に大事な刺激を与えてくれた。「濡れているわけではない。でも触っちゃだめ」

奥野ビルは前記の空間と同様に、貴重な場所だ。美術館にあるのも美術だけれど、そういうものと接点を持ちうる、そして持とうとする人は限られる。やはり「我が町」に誕生する、夢ある作品もほしい。

たとえダーツボード型であったとしても。

が有名。僕の耳だけが変なのかもしれないが、「What time is it now」には聞こえない。「掘った芋いじんな」ならましな感じだけれど、それでもちょっと無理がある。一方、「揚げ豆腐」は驚くほど「I get off」にぴったり当たっている。これは乗り物から降りたい時に使えるという話だが、これだけでは突然な感じがする。最後に「ここで（here）」がほしいので、「ヒヤ（冷水）」をくっ付ける提案をしたい。「揚げ豆腐、（お）ヒヤ」。一度タクシーで試してみる価値はあると思う。

言葉遊びはいい娯楽だけれど、英語学習者にはジョン万次郎が昔考案したカタカナ表記にちょっと注目してほしい。「モーニング、イブニング、ナイト、コールド」はそれぞれ「モーニン、イヴネン、ナイ、コヲル」だ。最後の子音を言わない勇気がなければ、言わないくらい軽く言う、というのはどうだろうか？

Oh she my. Donne moi du gâteau.

銀座

登場した主なスポット

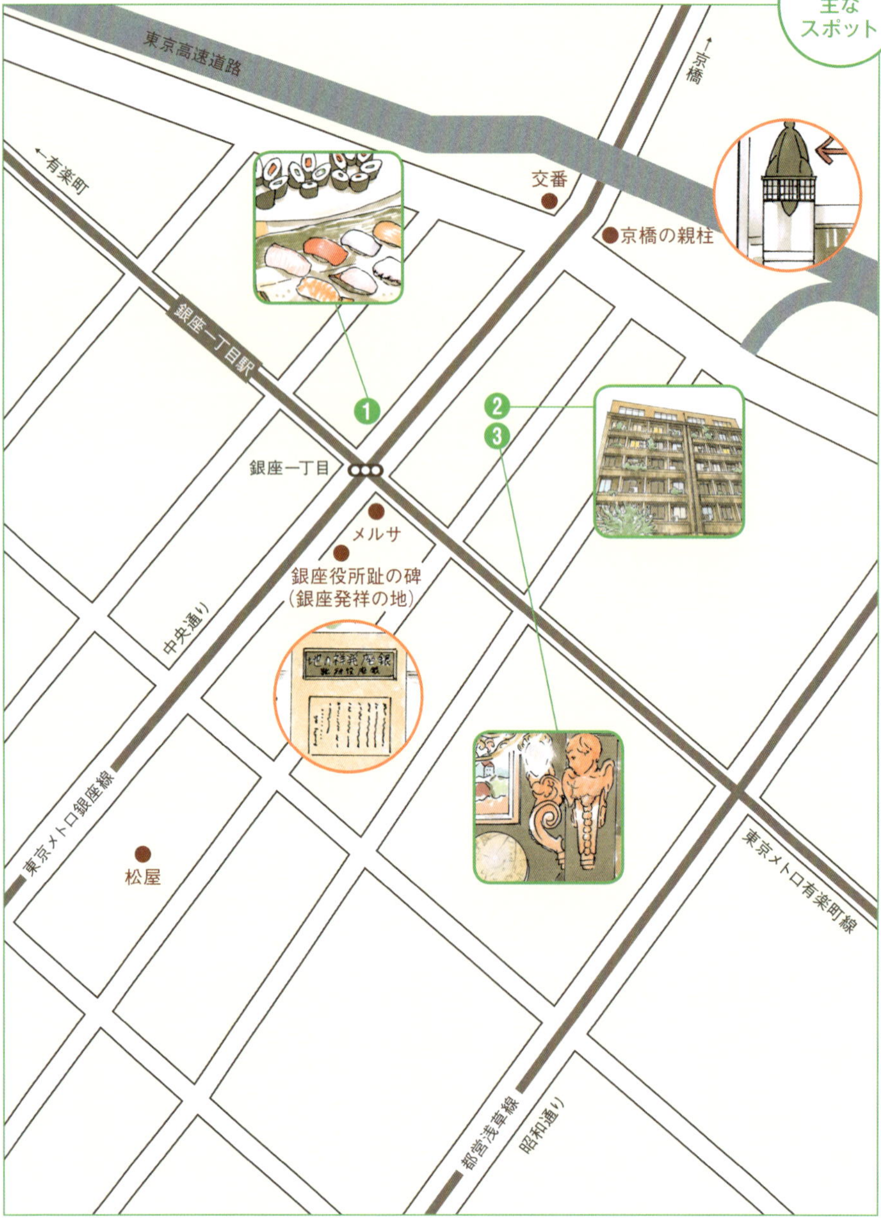

❸	❷	❶
Y's ARTS 東京都中央区銀座1-9-8 奥野ビル101	**奥野ビル** 東京都中央区銀座 1-9-8	**がんこ 銀座一丁目店** 東京都中央区銀座1-7-10 ヒューリック銀座ビル地下1階

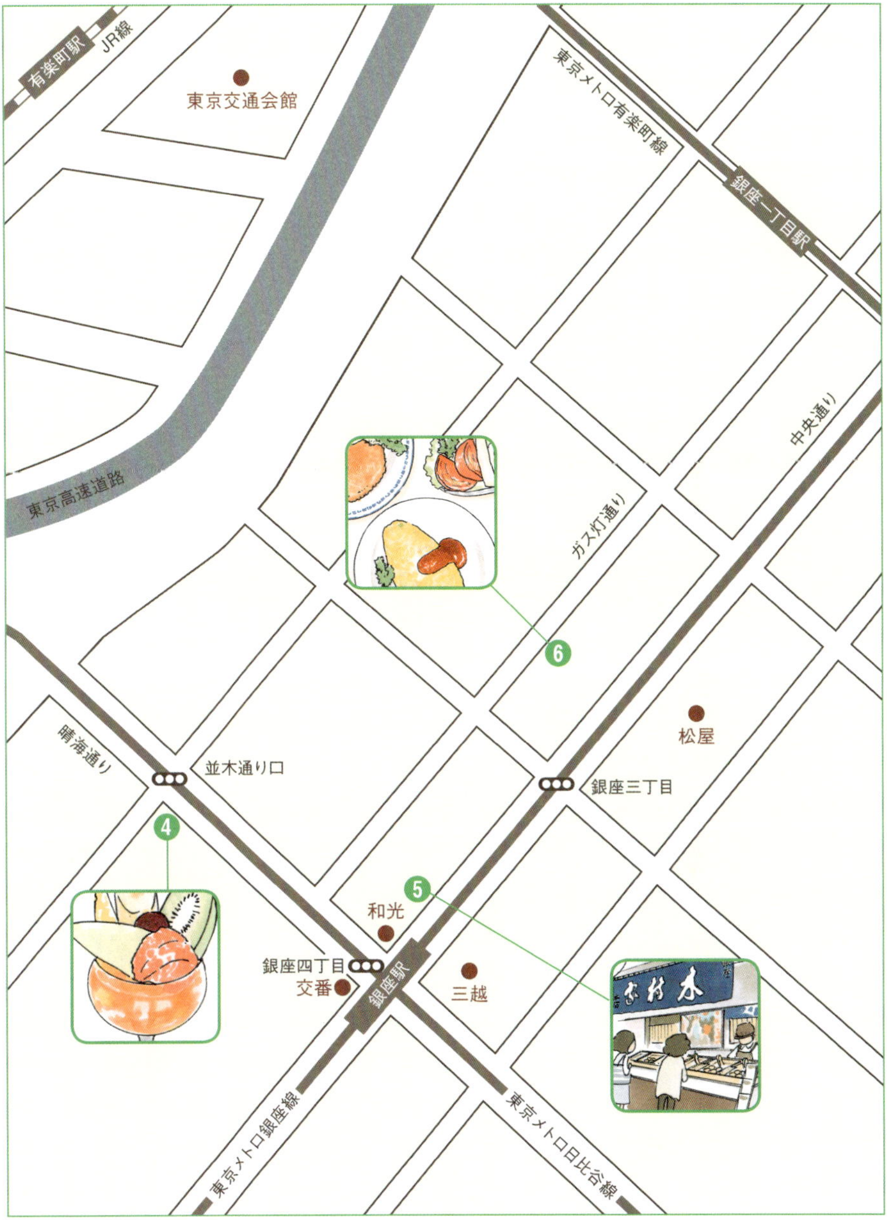

6	5	4
煉瓦亭 東京都中央区銀座 3-5-16	**銀座木村家 （銀座本店）** 東京都中央区銀座 4-5-7	**銀座千疋屋** 東京都中央区銀座 5-5-1

イカの花

「がんこ」では
飾り寿司も
習いました
イカに
切れ目を
入れて…
丸めて…
花のように
トニー作
ツボミです
これから
花開きます
そうですか
待っとき
ましょう
先生

オススメおみやげ

「干物まる」
マグロステーキ
輪切！
まだ食べて
ないんだけど
忘れられない！
誰かにプレゼントして
一緒に食べたい

第3章

異国の風を感じつつ

東京にある「世界」のタネ

新橋駅はどこから来たのか？

第8話　ジンクスと幸せのブタ

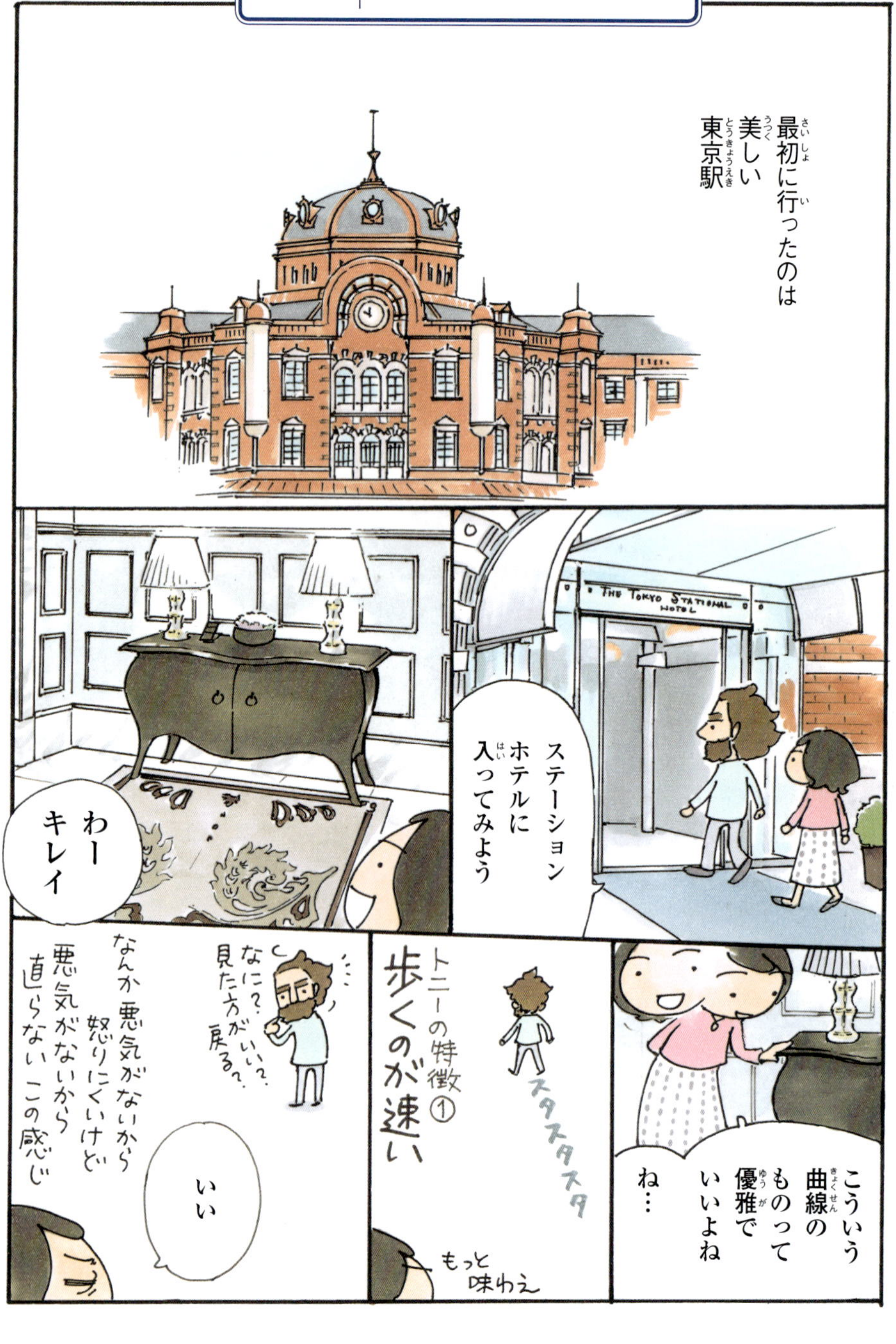

ホテル内《ない》のカフェ
んー天井高《てんじょうたか》いのいいね
だね
味わい始めた
なんとなく人《ひと》を待《ま》ってもいいなーって気《き》になる
そ…そう？
「吹《ふ》き抜《ぬ》け」っていい言葉《ことば》だよねー
そ…そう？
ふわーって広《ひろ》がる感《かん》じ「吹《ふ》き」も「抜《ぬ》け」も何《なに》が抜《ぬ》けてるんだろう
「何が」って…
んーそういえばなにが…
え
でも何《なん》でもいいやって感《かん》じになる
気持ちいいから
あ東京駅《とうきょうえき》の吹《ふ》き抜《ぬ》けに出《で》た

すぐそばに「とらや」発見《はっけん》
カフェ店内
日本《にほん》でレンガはめずらしいね
パリと同《おな》じ商品《しょうひん》がある
お土産に喜ばれそう
アールグレイ饅頭
洋梨
ポワールキャラメル羊羹
ミニ羊羹はミニ風呂敷包みもあり
日本《にほん》の食《た》べ物《もの》はおいしいからパリで認《みと》められるのも不思議《ふしぎ》じゃないけど…
フツーのレストランは日本《にほん》の方《ほう》がレベル高《たか》いと思《おも》うし
調べていかないとはずすし高いよ
ごはん
ホタテ5コのみ 16€
パリの思い出 …10年前…
オシャレ店
揚げギョウザ 5コのみ 24€!
ソース
野菜《やさい》はゆですぎ多《おお》いし
ままポタージュの文化《ぶんか》だしね
たぶんスキあらばつぶそうとしている
変色
フランスはファストフードと高《たか》いレストランの中間《ちゅうかん》があまりないんだよね
日本《にほん》は中間層《ちゅうかんそう》が多《おお》かったからそこが伸《の》びたんじゃないかな
そして東京《とうきょう》はバブルの頃《ころ》に世界一《せかいいち》おいしい街《まち》になったんじゃない？
おいしいもの集めてさ

※もちろんおいしいお店もあります

なのにミシュランが和食《わしょく》にも星《ほし》つけるの納得《なっとく》できないな
日本《にほん》が星《ほし》つけに行《い》くべきだよ
どっちかといえば
「星《ほし》をつける」ってビジネスだからねえ
KoKo
…と言《い》ってたらサンドイッチ屋《や》さん
入《はい》ろう
フルーツサンド…おいし
欧米《おうべい》にはなかったなー
そう、日本発祥なんです
でもこれって「貴族《きぞく》のたわむれ」って感《かん》じ
「挟《はさ》むものがなければフルーツを挟《はさ》めばいいじゃない」みたいな
実は「パンがなければケーキを食べればいいのに」と言ったのはマリー・アントワネットではないそうです
海外《かいがい》ではチーズやパンを別々《べつべつ》に買《か》いナイフで切《き》りながら食《た》べる人《ひと》を時々《ときどき》見《み》る
歩いてたりも
誰《だれ》かにセッティングされることなく好《す》きなものをその辺《へん》に座《すわ》って食《た》べる…
「自立《じりつ》の象徴《しょうちょう》」だと思《おも》うんだ
トニーの特徴②「自由」が大好き
大きく出たな

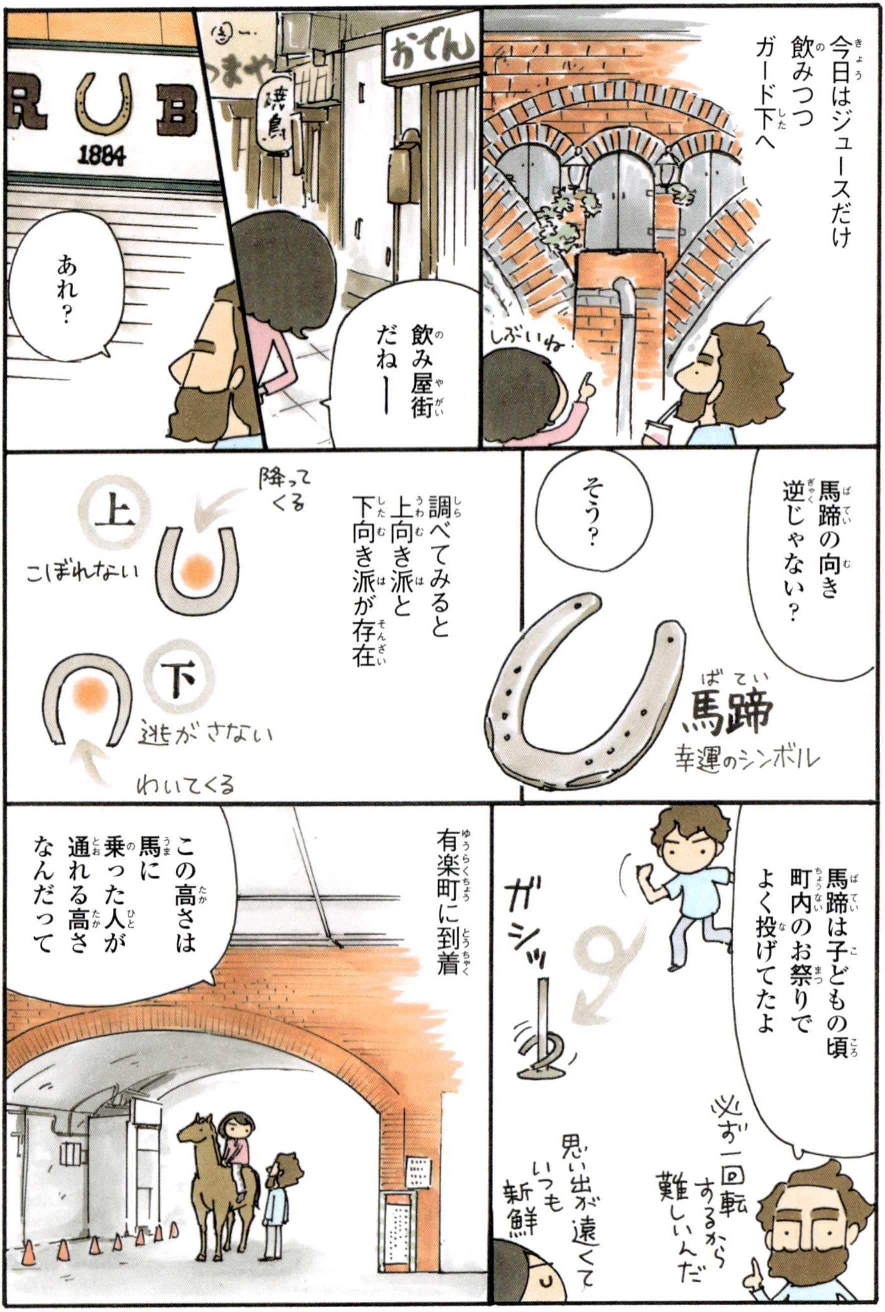
今日《きょう》はジュースだけ飲《の》みつつガード下《した》へ
しぶいね
飲《の》み屋街《やがい》だねー
おでん
あれ?
馬蹄《ばてい》の向《む》き逆《ぎゃく》じゃない?
そう?
馬蹄《ばてい》
幸運のシンボル
調《しら》べてみると上向《うわむ》き派《は》と下向《したむ》き派《は》が存在《そんざい》
降ってくる
上
こぼれない
下
逃がさない
わいてくる
馬蹄《ばてい》は子《こ》どもの頃《ころ》町内《ちょうない》のお祭《まつ》りでよく投《な》げてたよ
ガシッ
必ず一回転するから難しいんだ
思い出が遠くていつも新鮮
有楽町《ゆうらくちょう》に到着《とうちゃく》
この高《たか》さは馬《うま》に乗《の》った人《ひと》が通《とお》れる高《たか》さなんだって

トニーは馬《うま》に嫌《きら》われてると思《おも》ってるんだよね
馬に乗るといつも枝などにぶつかるよう仕向けられる
おう
たぶん気のせい
馬《うま》と十分《じゅうぶん》な時間《じかん》を持《も》ってないんだよね
気のせい
たいていみんなそう
人相《にんそう》が悪《わる》いんだろうか…
あ ブタは?
ブタはドイツでは幸運《こううん》のシンボルだから嫌《きら》われたくないよね
幸運のシンボルは馬蹄やブタのほか
四ッ葉
きのこ
てんとう虫など
木彫り
アメリカでは馬蹄と四ッ葉かな
そういえばアメリカでは「ジンクス」って悪《わる》いことにしか使《つか》わない言葉《ことば》だってね
そう本来《ほんらい》は悪《わる》い意味《いみ》
だいたいゴロが悪《わる》いよねー「ジンクス」って
ゴ…ゴロが…?
「〜ンクス」でいいことあんまりないよ「スフィンクス」もイジワルだしバケモノだからね優《やさ》しいはずがない
ぼわわ〜
夕《ゆう》ごはんはこのブタのいた「登運《とん》とん」へ
すごい煙《けむり》…!

隣《となり》の外国人《がいこくじん》二人組《ふたりぐみ》はパイロットだった
明日フライトです
これどういう意味《いみ》ですか？
英語《えいご》メニューには訳《やく》されていない日本語《にほんご》が気《き》になったらしい
当店オリジナル
イチオシ
「ここにしかない」とか「オススメ」ってことですよ
あの人《ひと》は…大丈夫《だいじょうぶ》かな？
外国人《がいこくじん》青年《せいねん》の一人客《ひとりきゃく》
緊張気味
周り全員 日本人
あ焼《や》き鳥《とり》きた
んま
焼《や》き鳥《とり》は世界《せかい》でウケるよねー
30分後《ぶんご》
盛りあがってた
身ぶり手ぶりで
ボクたち外国人《がいこくじん》は時々《ときどき》場《ば》の雰囲気《ふんいき》壊《こわ》しちゃったりするけど大丈夫《だいじょうぶ》だったみたいだね
みんな慣《な》れてきてるかも！
ホッとした夜《よる》でした

ふしっこ

有楽町近くの稲庭うどん「銀座 佐藤養助」で
うどんを食べると…
タイ風カレー

帰りにうどんの端っこ「ふしっこ」一袋無料でもらえます
もらえるの!? 日本でギンザで!? 信じられない

オススメおみやげ

東京駅地下
「アマノ フリーズドライステーション」
選べる みそ汁
みそ
なす
ねばねば具材
（おくら、もずく、山芋）
好きなみそと具を入れられる!
技術もすごい

電車でぐるぐる回る理由

東京駅？　知っているつもりだ。

失礼な言い方かもしれないが、僕にとって長い間、そこは降りる駅ではなく通る駅だった。確か有楽町、東京、神田の順に通り、秋葉原、御徒町へ。これは、1984年に僕が初めて来日した頃の話だけれど、一時期、山手線を反時計回りに一周することが何度かあった。電車でぐるぐる回るのは、そうとう怪しい人のやることと思うだろうが、実は正当な理由があった――それは「漢字の勉強」。

僕が育った場所（マンハッタン郊外）と違い、山手線にはどのホームにも駅名が実に見やすく表示された駅名標があり、その上、その前後の駅名もわかる。だから、ぐるぐる回っただけで勉強ができたのだ。「なるほど、『神田』は『しんでん』ではなく『かんだ』なのだ」とか、「『有楽町』は織田信長の弟に因んで命名されたのか」など、いろいろな

そこにあった世界

初めて有楽町に行ったのはいつだったか――はっきり覚えていないが、たぶん1985年。利用した駅は有楽町でなく、日比谷だったことは自信を持って言える。その日は日比谷駅構内図の「電気ビル」という案内を頼りに、ビルの最上階にある「外国人記者クラブ」に向かっていたからだ。電気ビルと言っても、外壁には確か「電気ビルヂング」と書いてあった。味のある書き方だな。昔、「地面」は「じめん」ではなく「ぢめん」と書かれていたけれど、ビルヂングも同時期に改正されたのだろう。

僕は15歳くらいのとき、英語で詩や歌詞を書くようになったのがきっかけで、今まで執筆業を続けている。来日したあと、特派員になる夢も見たりしたが、務めたことはない。縁がなかったのも事実だが、自分で英語より日本語で書くことを表現方法として選んだのも理由の一つ。せっかく日本に来ているのに、

Tony's column

発見があった。

ちなみに、僕が今住んでいるベルリンでも「リング」と呼ばれる、一周できる環状線があるが、ドイツ語を学習しようとしても効果はいまいちかもしれない。各ホームの駅名標には駅名だけが表示され、前後の駅名は記されていないからだ。さらに、ベルリンでは「次の駅は○○です」という車内アナウンスは日本ほどではないので、それぞれの駅名の発音を耳で確かめることも難しい。やはり、山手線はとりわけ学習に向いている。

もちろん東京駅で降りたことはある。当時の丸の内駅舎を見て建物が気に入り、東京ステーションホテルに泊まったこともある。「幽霊が出る」との噂で、こういう場所を避ける人もいるらしいが、僕は古い建築物との触れ合いを通して自分より2、3世代前の人と心の会話ができそうで、ちょうどいいと思う。

「外国人記者クラブ」という特殊な環境で仕事をするのにも抵抗があった。

それでも戦後の香りが漂うこの空間は面白く、会員に誘われては足を運び、よく流れていた相撲中継をBGMに、飛び交う様々な「日本人論」などに耳を傾けた。クラブ会長を務めたことのある、日米関係に詳しいサム・ジェームソンさんの話は参考になったし、パキスタン人特派員のウマル・カンさんも個性的な人だった。

時々、カンさんに紹介してもらったインド料理「ナイル」へ昼食を食べに、有楽町から東銀座まで歩いた。当時は創業者のナイルさんが入り口付近に座って、インド独立運動について書いた回想録をサイン入りで売っていたのが印象的だった。三人とも今や故人。

有楽町周辺は多様性。少なくとも僕の目にはそう映った。

第9話　シルクとミルクワンタン

中《なか》にはシルク製品《せいひん》や糸《いと》を取《と》る機具《きぐ》の模型《もけい》など
あ
突然《とつぜん》ですがトニーは大変《たいへん》傷《きず》つきやすいタイプ
んっ?
例《たと》えば
コブハサミムシって虫《むし》は卵《たまご》をとっても大事《だいじ》に守《まも》るんだけど生涯《しょうがい》1回《かい》しか産卵《さんらん》しないのね
なんでかって言《い》うと…
お母《かあ》さんは生《う》まれた子《こ》どもたちに食《た》べられちゃうから……!
がく
うん…そういうことあるよね…
かわいそうなトニー
その顔…いいね!
なので
悲しい話を思い出したぞ
カイコってサナギのままゆでられちゃうわけだけど…
羽化《うか》しても口《くち》は退化《たいか》してて何《なに》も食《た》べられないで死《し》ぬんだって!!
どうよトニー!?
ああ多《おお》くの蛾《が》はそうだよね
人間のせいじゃないでしょー
え

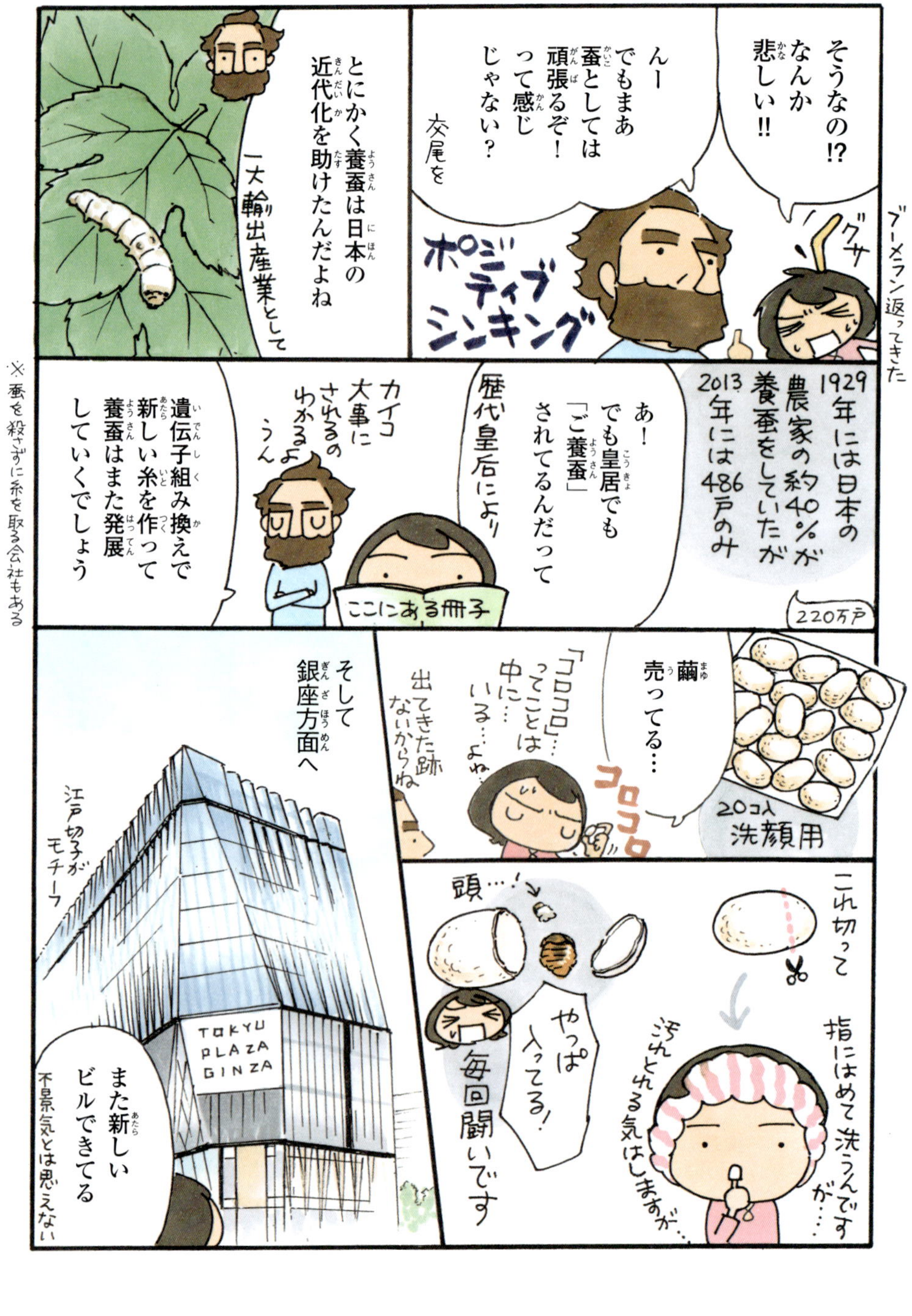

そうなの!? なんか悲《かな》しい!!
グサ
ブーメラン返ってきた
んー でもまあ 蚕《かいこ》としては 頑張《がんば》るぞ! って感《かん》じ じゃない?
交尾を
ポジティブシンキング
とにかく養蚕《ようさん》は日本《にほん》の 近代化《きんだいか》を助《たす》けたんだよね
一大輸出産業として
1929年には日本の農家の約40%が養蚕をしていたが 2013年には486戸のみ
220万戸
あ! でも皇居《こうきょ》でも 「ご養蚕《ようさん》」 されてるんだって
歴代皇后により
カイコ大事にされてるのわかるよ うん
ここにある冊子
遺伝子《いでんし》組《く》み換《か》えで 新《あたら》しい糸《いと》を作《つく》って 養蚕《ようさん》はまた発展《はってん》 していくでしょう
※蚕を殺さずに糸を取る会社もある
繭《まゆ》 売《う》ってる…
20コ入 洗顔用
「コロコロ」… ってことは 中に… いる… よね…
コロコロ
出てきた跡ないからね
そして 銀座方面《ぎんざほうめん》へ
江戸切子がモチーフ
TOKYU PLAZA GINZA
また新《あたら》しい ビルできてる
不景気とは思えない
これ切って
指にはめて洗うんですが…
汚れとれる気はしますが…
頭…!
やっぱ入ってる!
毎回闘いです

あっ 紹介《しょうかい》したい人《ひと》いるから来《き》て
？
お久《ひさ》しぶりです――
ああ こんにちは
銀座四丁目交差点《ぎんざよんちょうめこうさてん》の交番《こうばん》に週末《しゅうまつ》だけいる英語《えいご》の案内《あんない》ボランティア竹下《たけした》さん
アメリカに長くいたそう
日本《にほん》ではめずらしくない？交番《こうばん》に普通《ふつう》の人《ひと》がいるって
築地警察署銀座四丁目交番
NZA 4-CHOME POLICE BOX
私《わたし》は二代目《にだいめ》なんですよ
ペこ
こんにちはー
これクッキー食べて
ありがとう
ひっきりなしに声《こえ》かけられてるすっかりなじんでていいなあ
さらに新橋《しんばし》方面《ほうめん》へ
おいしそうな外観！
新橋玉木屋
SINCE 1782 tamakiya
新橋玉木屋
ざぜん豆
ざぜん豆
初代《しょだい》が売《う》り歩《ある》いた豆《まめ》ざぜんの組足《くみあし》に似《に》てるからだって
ぱくっ
甘くてやわらかくておいしい！
現在九代目

海外《かいがい》では「豆《まめ》が甘《あま》い」って受《う》けつけない人《ひと》多《おお》いんだよね
「あんこ」もおかずも
日本人《にほんじん》でも「ライスプディング」ダメな人《ひと》いるもんね
シナモン
ミルヒライス（ミルクごはん）
ドイツで定番のデザート
苦手《にがて》な外国人《がいこくじん》が多《おお》い甘《あま》い料理《りょうり》
煮魚 ←頭が辛い人も
かなりハードル高い
かぼちゃとあずきのいとこ煮
かぼちゃの煮物
アインシュタインの奥《おく》さんがここの「こんぶのつくだ煮《に》」好《す》きだったたって
あ！この名言私の好きなやつ
アインシュタインの名言
常識とは18歳までの偏見のコレクションである
それは本当《ほんとう》に言《い》った名言《めいげん》かもね
常識《じょうしき》を捨《す》てたからこそ「時間《じかん》は一定《いってい》したものではない」って言《い》えたんだし
時間《じかん》って一定《いってい》してないの？
どんな光《ひかり》でもどんな速《はや》さで動《うご》いてても止《と》まってても光《ひかり》は同《おな》じ速度《そくど》なんだよね
↑「光速」
それが成《な》り立《た》つということは「時間《じかん》に変化《へんか》がある」ってことなんだって
ふ～ん
それにしても彼《かれ》はこの写真《しゃしん》があったことで存在感《そんざいかん》100倍《ばい》だよね
話がよくわからない時は元気に話題を変えてみるぞ！

そして新橋駅《しんばしえき》へ
新橋駅
SHIMBASHI STATION
実《じつ》は! ベルリンに そっくりな 駅《えき》があります
ベルリン ハッケシャー・マルクト駅《えき》
Hackescher Markt
日本《にほん》に鉄道《てつどう》ができる時《とき》 この駅《えき》を造《つく》った ドイツ人《じん》が指導《しどう》して 新橋駅《しんばしえき》を造《つく》ったそう
だからこっちがオリジナル
ちなみに日本《にほん》で 初《はじ》めての地下鉄《ちかてつ》 銀座線《ぎんざせん》の黄色《きいろ》も ベルリンにならったと 言《い》われています
地下鉄だけど けっこう 地上走ってるのも似ている
しかし電車《でんしゃ》の 運行《うんこう》の正確《せいかく》さは とっくにドイツを 抜《ぬ》いてるけどね
正確さは日本がダントツ世界一でしょ
ベルリンでは電車《でんしゃ》が 5分遅《ふんおく》れたり 1本来《ぽんこ》ないなんて 日常茶飯事《にちじょうさはんじ》
あとこの前《まえ》 長距離列車《ちょうきょりれっしゃ》の 11号車予約《ごうしゃよやく》したけど 当日《とうじつ》10号車《ごうしゃ》までしか 来《こ》なかったし…
「ドイツはちゃんとしてる」って言ったのは ゼッタイ日本人以外だ!
9 10 11 12
もちろん乗客右往左往!

ガード下《した》にお店《みせ》があるのはベルリンも同《おな》じ
広場に超絶はみ出しつつ
新橋《しんばし》のガード下《した》も今《いま》でも借《か》りられます
粉でも
借りるなら何する？
そうだなーここなら本屋！
毎回同じ答えなんですけど
さて夜《よる》はウワサの「鳥藤《とりふじ》」へ
ミルクワンタン
ガタ
3人《にん》入《はい》れますか？
編集→大嶋さん
……
狭《せま》いよ
はーい
……
秀夫さん
どした？
入《はい》ってほしくないのかと思《おも》った…大丈夫《だいじょうぶ》？
「ぶっきらぼう」がわかりにくかった模様
席《せき》に座《すわ》った瞬間《しゅんかん》スープ登場《とうじょう》
ここは食《た》べ物《もの》が勝手《かって》に出《で》てくるのです
これ1品目だ
日本酒はコレで出てきた
2 冷奴
3 お漬物
4 小ぶりなサンマ
5 おでん
6 豚串

大嶋さん
ここで ちょっとお腹《なか》いっぱい…シメのミルクワンタンまでお休《やす》みしていいですか
はいはい
7 ミルクモツ煮
昨日のワンタンをアレンジしたとか…?
8 とろろ
ちょ! 3つ来《き》た!
量《りょう》減《へ》らしといたからー
がんばります
ずっと3つ出《で》てくる!
休めない!ウケる
9 枝豆
今! 枝豆!?
10 そうめん
量戻った!
山芋
11 梅とつぼ漬
お姉《ねえ》さん登場《とうじょう》
そろそろ納豆《なっとう》チャーハンいく?
はいはい
少《すく》なめでお願《ねが》いします
お腹いっぱい
姉・須磨子さん
12 納豆チャーハン
大粒と小粒が混じった納豆
納豆を混ぜたら少なくはない。
適当か!
ピーン!
大《おお》きさの違《ちが》う粒《つぶ》を混《ま》ぜるのがコダワリ!?
あー 昨日《きのう》は大粒《おおつぶ》で今日《きょう》は小粒《こつぶ》買《か》ったの
たまたま
13 ミルクワンタン
優《やさ》しい味《あじ》!
14 オレンジ
(3人分)
終了
キレイとは言《い》えないけどあったかい雰囲気《ふんいき》
これを楽《たの》しめる人《ひと》とまた来《き》たいなあ

ゴジラとの出会い方

「ゴジラ」。昭和40年代の何月だったかは覚えていないが、ゴジラに初めて接したのは、確かある土曜日の午前中だった。土曜日の午前中といえば、近所の映画館で子ども割引がある日だった。

　怪獣ものが連続的に上映されていた時期があり、最初に観たのは「キングコング対ゴジラ」。その後にラドン、モスラ、キングギドラなどが続く。

　ゴジラがそんな怪獣映画ブームに火を付け、その王座にいるのは知っていたが、初代ゴジラ（昭和29年）を観たのはずっと後、高校生になってから。ゴジラは迫力があるとはいえ、子ども向けではない。少なくとも僕の場合は、ある程度大きくなってからでよかったと思う。少し世の中がわかるようになったおかげで、この作品の深みを感じることができた。

　今思うと、ゴジラに踏み潰《つぶ》される銀座や品川の光景が、僕の東京に対して

僕の小さなルール

あ〜あ、ルールを破ってしまった。自分が勝手に作ったルールではあるけれど。日本で飲みに行く時は、できることなら日本人に先に暖簾《のれん》をくぐってもらうようにしている。今回はお腹が空いていたせいか、自分から先にミルクワンタンの店に入ってしまった。客が堂々と店に入るのはごく当然のことだが、ここではなんとなくそうするのを遠慮したい。それは雰囲気を壊さないため。昭和の香り濃い、その雰囲気を。

　店内のポスターやカウンターのスツールから判断すると、相当前の時代から、仕事帰りの常連客がゆっくりと落ち着ける場所のようだ。明らかに「よそ者」の僕が突然現れると店主も常連も、少なくとも一瞬は構えるだろう。「この人、誰？　日本語で注文できるのだろうか？」と無意識に考えたり、心配したりするだろう。つまり、よそ者が注文を無事に終えるまでは神経を遣う。たと

Tony's column

の興味を掻《か》き立てたのかもしれない。
残る問題は……我が息子に日本の怪獣映画をどう紹介するか、だ。
この決断をより難しくするのは、数々のリメイクだ。特に「シン・ゴジラ」とアメリカで製作された「Godzilla」。これらは最近の映画であるだけに宣伝が目に入り、子ども同士の間でも話題になり、「観たい！」と息子が言い出しやすい作品だ。
観せてもいい。観せてもいいのだが、できることならより古い作品を先に知ってほしいなあ。せめて昭和のシリーズ。特にザ・ピーナッツが登場する「モスラ」からがいいと思う。蛾《が》は蛾だけれどわくわくするし、初代ゴジラという、この文化の原点に近い気がするから。そこから出発しよう、ね。
干渉しすぎ？

えその人が普通に注文できても、その場にいる人は一瞬気を遣う。落ち着きたくて来た客にはちょっとお気の毒だ。
これはもちろん何も有楽町に限った話ではない。今住んでいるベルリンでも、レストランやカフェでは気を遣う。ここではむしろ席についてからの話。
飲み仲間とは日本語や英語を使うけれど、自分たちの音量がそう高くなくても、ドイツ語圏の中では「うるさい」という印象を与えてしまいがち。だから、隅っこに座り、声をやや小さくする。やはりこれも、雰囲気を壊さないための工夫。
飲食店はあらゆる客をそのまま歓迎すべきではないだろうか？　はい、しかり。有楽町にしてもベルリンにしても、多様性の尊重は大事。でも、事を荒立てないようにするのも、いい客のあり方ではないかな。

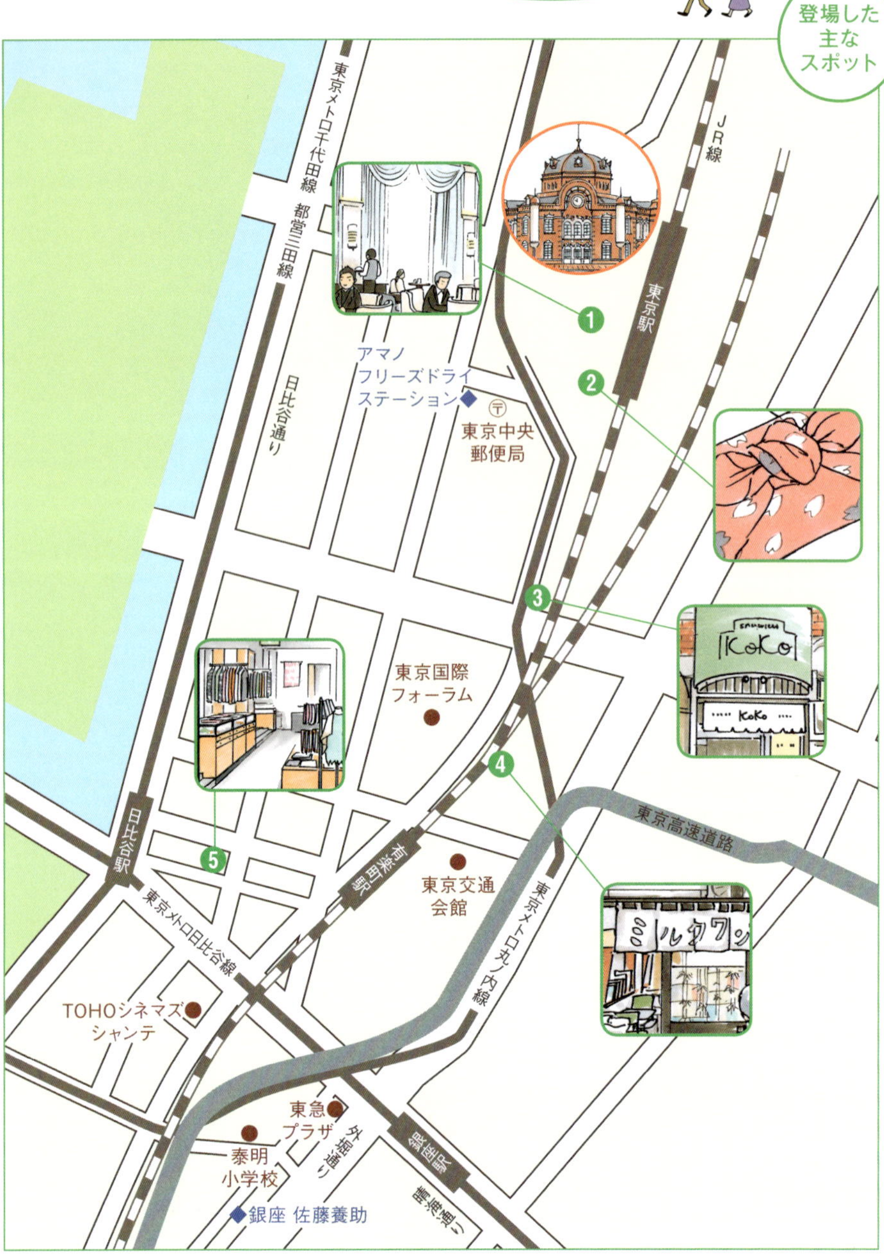

❶ **東京ステーションホテル**
東京都千代田区丸の内1-9-1

❷ **TORAYA TOKYO**
東京都千代田区丸の内1-9-1
東京ステーションホテル
丸の内南ドーム内2階

❸ **SANDWICH KoKo**
東京都千代田区
丸の内1-10-5

❹ **ミルクワンタン 鳥藤**
東京都千代田区
丸の内3-7-9

❺ **ジャパンシルクセンター**
東京都千代田区有楽町
1-9-4 蚕糸会館1階

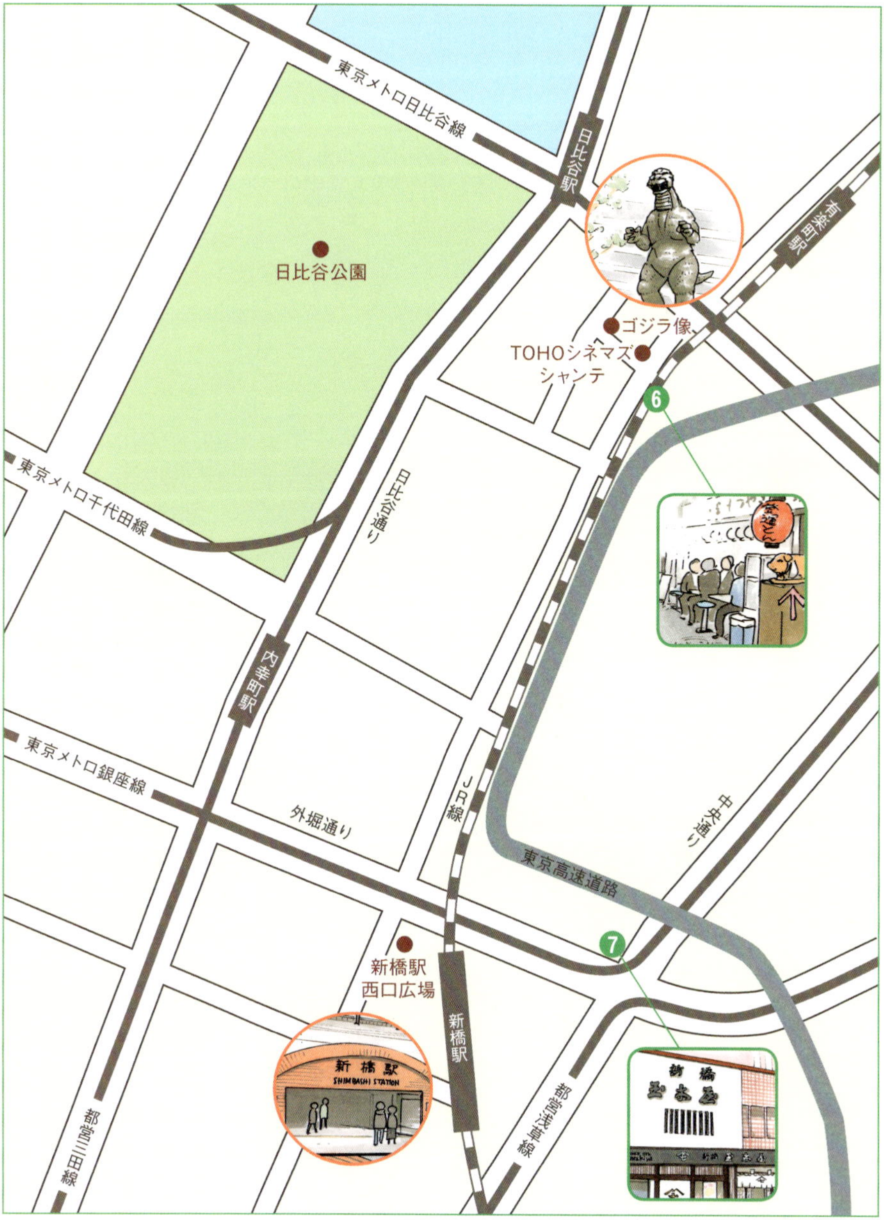

7
新橋玉木屋
東京都港区新橋
1-8-5

6
登運《とん》とん
東京都千代田区
有楽町2-1-10

第10話　築地のしがらみ

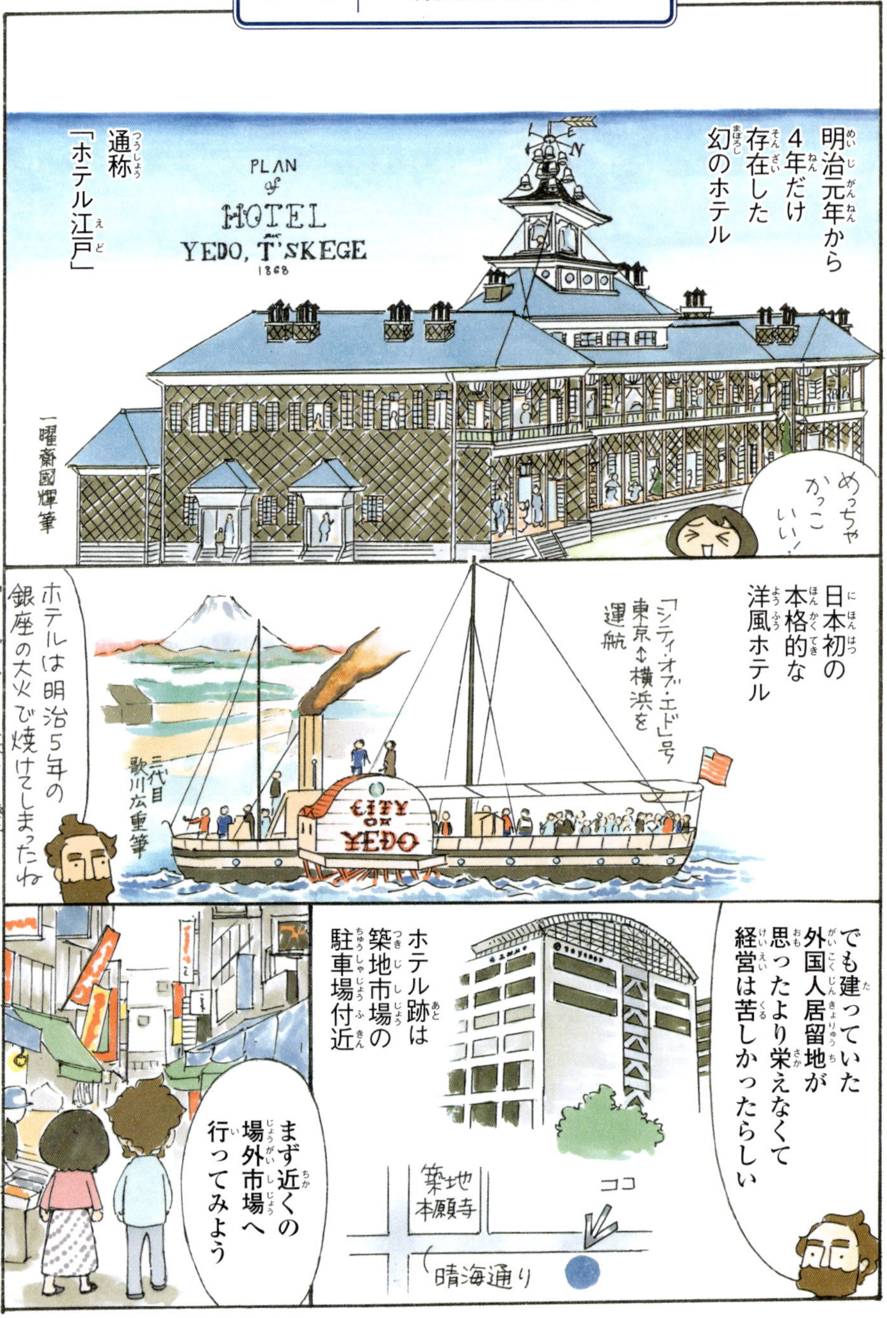

明治元年《めいじがんねん》から4年《ねん》だけ存在《そんざい》した幻《まぼろし》のホテル
通称《つうしょう》「ホテル江戸《えど》」
PLAN of HOTEL YEDO, T'SKEGE 1868
一曜斎國輝筆
めっちゃかっこいい!
日本初《にほんはつ》の本格的《ほんかくてき》な洋風《ようふう》ホテル
「シティ・オブ・エド」号 東京⇔横浜を運航
CITY OF YEDO
三代目歌川広重筆
ホテルは明治5年の銀座の大火で焼けてしまったね
※「シティ・オブ・エド」号も事故により廃止
でも建《た》っていた外国人居留地《がいこくじんきょりゅうち》が思《おも》ったより栄《さか》えなくて経営《けいえい》は苦《くる》しかったらしい
ホテル跡《あと》は築地市場《つきじしじょう》の駐車場付近《ちゅうしゃじょうふきん》
築地本願寺
ココ
晴海通り
まず近《ちか》くの場外市場《じょうがいしじょう》へ行《い》ってみよう

「鯨の登美粋」
白桃シャーベッ
本わさび
しらす
とうふミルク
「しらす」のソフトクリームだって！
買《か》おう
食いぎみの返答 →
見分けはつかない
日本酒
本わさび
しらす
しらすが丸《まる》ごと入《はい》ってる…でも塩《しお》ベースで違和感《いわかん》ない
英語《えいご》では「ソフトクリーム」じゃないね
Soft serve ice cream
ボクは「サーブ」は抜かして「ソフトアイスクリーム」って言う
ソフトクリームを発明《はつめい》したのはアメリカの「デイリークイーン」の創業者《そうぎょうしゃ》
1938年《ねん》
アイスに空気《くうき》を入《い》れてみた
↓
人《ひと》の店《みせ》で販売《はんばい》
1940年《ねん》
自分《じぶん》の店《みせ》
「デイリークイーン」
開店《かいてん》
昔のロゴ
Dairy Queen
「日本酒」が好きだなー
「デイリークイーン行《い》くか？」って言《い》われたら「ソフトクリーム食《た》べるか？」って意味《いみ》だったよ
行《い》く！
昔は金髪
←トニー
たぶん食いぎみに言ったんだろうね
ディップもしてもらえた
1 ニュルン
2 とぽ
ドイツでもよくあるねなんで日本《にほん》で流行《はや》らないのかな
ドイツではさらに粒チョコなどのせたりも

「築地山長」
甘くないの↓
やはり見分けはつかない
甘いの
串
玉子焼《たまごやき》！
やっぱり甘いのがいいかなー
ジャスミンティー入《い》り
ジンジャーエールも
ジャスミンティー
Bruce Cost Ginger Ale Unfiltered
Bruce Cost Ginger Ale Unfiltered Original
珍《めずら》しくちゃんと生姜《しょうが》が入《はい》ってる！
今は香料だけのが多いけど
オリジナル
「つきぢ味幸堂」
最初《さいしょ》は「薬効《やっこう》がある」って売《う》り出《だ》されたんだよね
コーラも「薬《くすり》代《が》わりになる」って聞《き》くけどどうなんだろう
かなり昔《むかし》からある迷信《めいしん》だね時々《ときどき》医者《いしゃ》が警告《けいこく》出《だ》してるよ
やっぱり！甘《あま》過《す》ぎるしね
しかし
ウィルキンソンの辛口《からくち》ジンジャーエール初《はじ》めて飲《の》んだ時《とき》は衝撃《しょうげき》だったなあ
そもそも日本《にほん》で生《う》まれた会社《かいしゃ》っていうのも驚《おどろ》いたけど
1889年頃《ねんごろ》
在日《ざいにち》イギリス人《じん》 ウィルキンソンさん
兵庫県《ひょうごけん》で炭酸鉱泉発見《たんさんこうせんはっけん》→発売《はつばい》
大正時代《たいしょうじだい》
ジンジャーエール発売《はつばい》
（名称《めいしょう》 ジンジャエール）
1951年《ねん》
バャリース・オレンヂ製造《せいぞう》
（販売《はんばい》はアサヒ）
1991年《ねん》
「ウィルキンソン」の名《な》を残《のこ》し
アサヒが生産《せいさん》するように

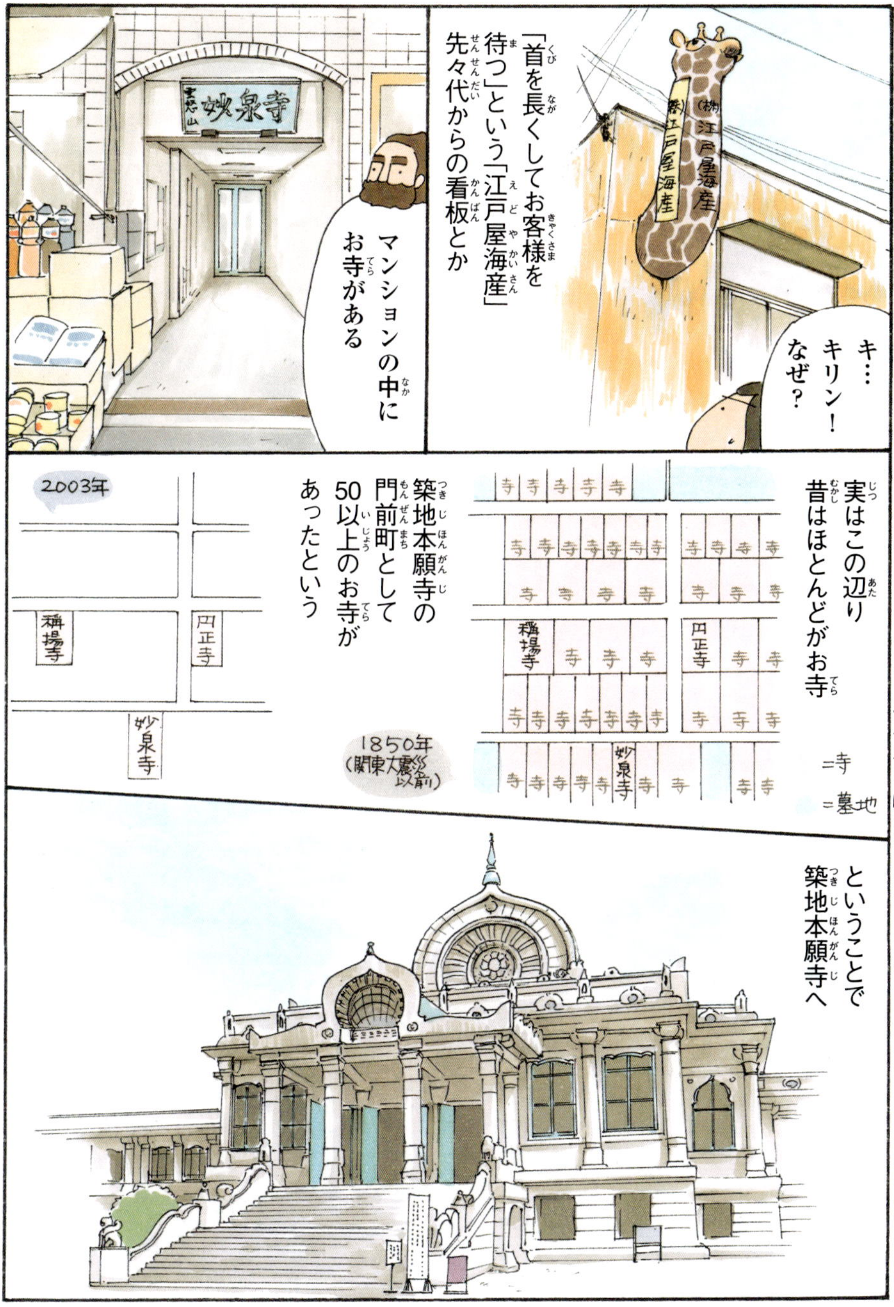
(株)江戸屋海産
キ…
キリン!
なぜ?
「首《くび》を長《なが》くしてお客様《きゃくさま》を待《ま》つ」という「江戸屋海産《えどやかいさん》」先々代《せんせんだい》からの看板《かんばん》とか
妙泉寺
マンションの中《なか》にお寺《てら》がある
実《じつ》はこの辺《あた》り昔《むかし》はほとんどがお寺《てら》
※寺名省略
=寺
=墓地
1850年（関東大震災以前）
稱揚寺
円正寺
妙泉寺
築地本願寺《つきじほんがんじ》の門前町《もんぜんまち》として50以上《いじょう》のお寺《てら》があったという
2003年
稱揚寺
円正寺
妙泉寺
ということで築地本願寺《つきじほんがんじ》へ

ここは普通《ふつう》のお寺《てら》と感《かん》じが違《ちが》うよね
インド本来《ほんらい》の仏教観《ぶっきょうかん》を踏《ふ》まえて日本人《にほんじん》が造《つく》ったって
動物いっぱいだけど作風が少しずつ違ってるのが気になる…
パイプオルガンもある
本願寺《ほんがんじ》を抜《ぬ》けて歩《ある》いていると
樽《たる》が落《お》ちてる！
菊正宗四斗樽
(72ℓ)
ご自由にお持ち帰り下さい
毎月2~3樽ご用意出来ます
…っていうか置《お》いてある
いいね
あのークーパーさんっているでしょゲイリー・クーパーとか「クーパー」って「樽職人《たるしょくにん》」のことだよ
Cooper
へー
あのー万次郎《まんじろう》は昔《むかし》アメリカで「樽職人《たるしょくにん》」に弟子入《でしい》りしてたね
万次郎ってジョン!?なんで？

そして
ゴールドラッシュにも
駆《か》けつけたらしいよ
万次郎
予想図
1848～
1855年頃
みんな
金を探しに
きた
軽く
もうけた
みたい
やり手で
モテそう！
ちなみに「クーパー」と
「カップ」は同《おな》じ語源《ごげん》
クーパー
cooper
ラテン語
Cupa
蘭
Kup
カップ
英
Cup
コップ
この2つが
日本に入ってきて混じっている
慶應義塾《けいおうぎじゅく》
発祥《はっしょう》の地《ち》だって
日本近代文化事始の地
外国人居留地《がいこくじんきょりゅうち》は
商売《しょうばい》がダメだった代《か》わりに
公館《こうかん》や教会《きょうかい》があったから
学校《がっこう》はいろいろできたね
アメリカンスクールとか女学校
おっ
ギリシャ語《ご》だ
いいねー
調《しら》べて
みよう
ΟΛΑ ΓΙΑ ΤΟΥΣ ΑΣΘΕΝΕΙΣ
これは社長《しゃちょう》さんの
企業理念《きぎょうりねん》とか
ΟΛΑ ΓΙΑ ΤΟΥΣ
ΑΣΘΕΝΕΙΣ
すべては患者のために…
医師になる時 宣誓する
「ヒポクラテスの誓い」から
とったのかな？
医師の心構えがまとめられている

聖路加《せいるか》国際《こくさい》病院《びょういん》隣《となり》の
聖路加《せいるか》ガーデン
↑こわい
「聖路加《せいろか》」って聖人《せいじん》の名前《なまえ》じゃない？
医師だったらしい
St. Luke
聖人ルカ
聖路加
せいるか
ホントだ！ ホントの名前《なまえ》は「せいるか」だったし！
ランチは築地場外市場《つきじじょうがいしじょう》に戻《もど》って「築地寿司清《つきじすしせい》」へ
さてちらし寿司《ずし》を美《うつく》しく食《た》べるにはどうしたらいいでしょうか？
えーと
答《こた》えは
ガリに醤油《しょうゆ》をつけてネタにつける
もしくはネタにしょうゆをつけてご飯の上に戻して一緒に食べる
軍艦巻きもこれでキレイに

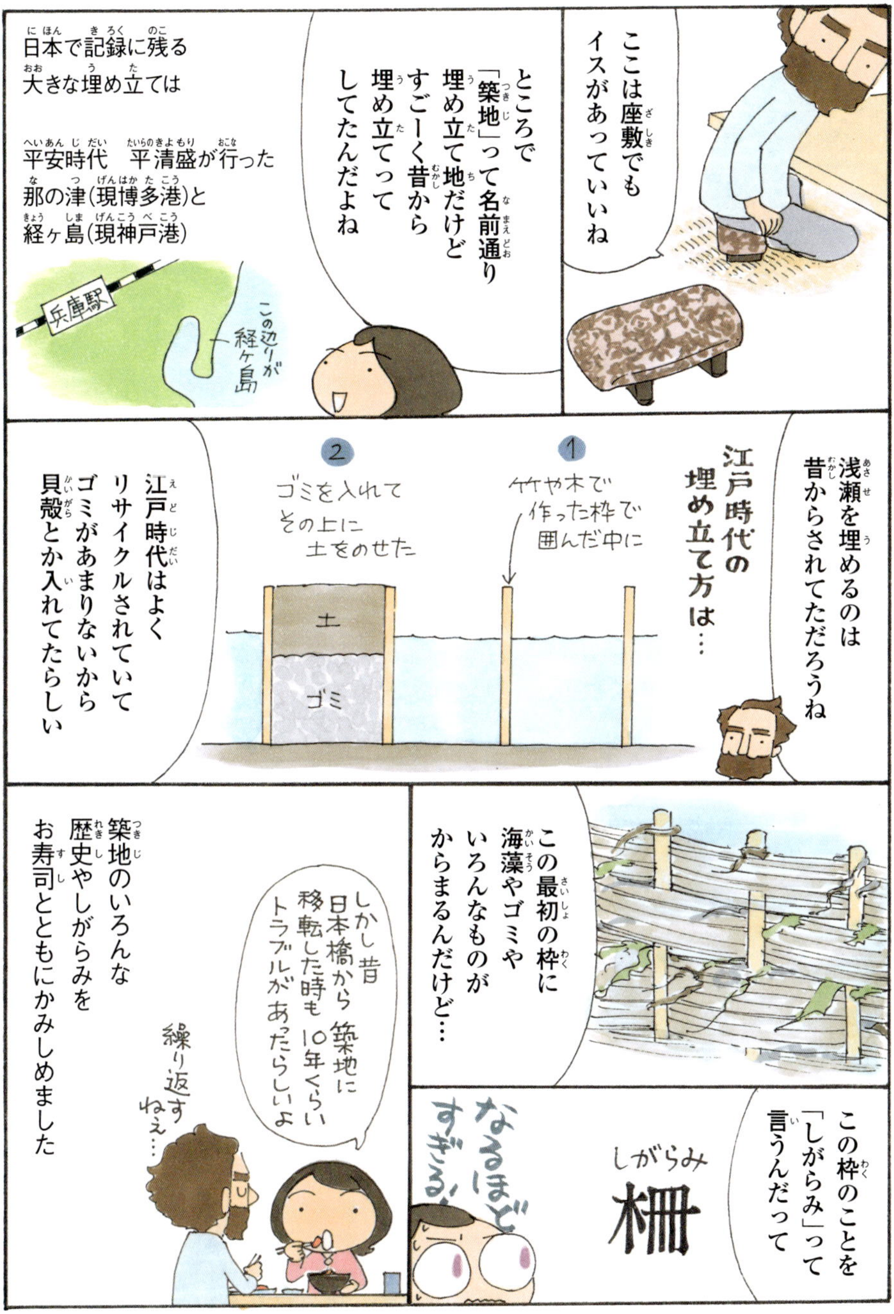
ここは座敷《ざしき》でも
イスがあっていいね
ところで「築地《つきじ》」って名前《なまえ》通《どお》り
埋《う》め立《た》て地《ち》だけど
すごーく昔《むかし》から
埋《う》め立《た》てって
してたんだよね
日本《にほん》で記録《きろく》に残《のこ》る
大《おお》きな埋《う》め立《た》ては
平安時代《へいあんじだい》　平清盛《たいらのきよもり》が行《おこな》った
那《な》の津《つ》(現博多港《げんはかたこう》)と
経ヶ島《きょうしま》(現神戸港《げんこうべこう》)
兵庫駅
この辺りが経ケ島
浅瀬《あさせ》を埋《う》めるのは
昔《むかし》からされてただろうね
江戸時代の
埋め立て方は…
1
竹や木で作った枠で囲んだ中に
2
ゴミを入れてその上に土をのせた
土
ゴミ
江戸《えど》時代《じだい》はよく
リサイクルされていて
ゴミがあまりないから
貝殻《かいがら》とか入《い》れてたらしい
この最初《さいしょ》の枠《わく》に
海藻《かいそう》やゴミや
いろんなものが
からまるんだけど…
この枠《わく》のことを
「しがらみ」って
言《い》うんだって
しがらみ
柵
なるほど
すぎる!
築地《つきじ》のいろんな
歴史《れきし》やしがらみを
お寿司《すし》とともにかみしめました
しかし昔
日本橋から築地に
移転した時も10年くらい
トラブルがあったらしいよ
繰り返す
ねぇ…

原点

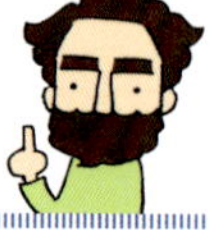

築地本願寺を初めて見たのは、昔ボランティア活動のためにお寺の会議室を借りた時だ。設計者の伊東忠太が仏教の源流を求めてインドなどを旅していて、ここをインド様式にしたそうだけれど、その話を聞いても、そう驚かなかった。それは、僕を築地本願寺に紹介してくれた人も似たこだわりを持ち、たまにスリランカのお坊さんを日本に呼んでいたからだ。築地本願寺の外見に表れている「原点を大事に」という価値観は、一部の檀家さんにも共有されているようだ。

　あれから僕は、「原点」を前より意識するよう心がけている。

　実は今、歴史を息子にどう教えるか悩み中。壁で分断されていたベルリンに住んでいる以上、「冷戦」はある程度自然に彼の身に付く。ただ、その背景には第二次世界大戦がある。やはり、それについても教えなくてはならないけれど、この大戦の一原因と言えば、第一次世界大

帰郷

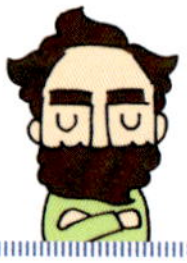

14歳で難破したジョン万次郎をどう評価したらいいかな。才能と勇気を豊富に兼ね備えていたに違いない。その上、ラッキーだったのだろう。アメリカの捕鯨船に一緒に助けられたほかの難破仲間と違い、ハワイまで乗せてもらっただけでなく、彼はこの災いを機に見習い船員になり、アメリカ本土の学校で西洋風航海術や測量、造船技術などを学んだ。

　さらに、ゴールドラッシュに参加し、多くの人が一文無しになったのに、彼はかなりのお金を稼いだ。その資金を利用して仲間を迎えにハワイに行き、10年ぶりに生まれ故郷へと向かった。

　万次郎が鎖国した日本へ無事に帰り、将軍に直接仕える武士になり、日本最初の英会話教本を作り、開成学校（現・東京大学）の教授にもなったのは有名な話だけれど、そもそも入港した際、よく死なないですんだ、としか言いようがない。

Tony's column

戦の後処理がある。それにも触れるか？

さらにその引き金も？　このように、順々にルネサンス、中世、メソポタミア文明などに遡ってもいいだろうが、これではいろいろな断片を拾うことになり、学問の根本が抜けてしまう。

人間とは何であるか。なぜ、そしてどういうふうに社会、文明、国家などをつくってきたのか。どうして対立や支配をするのか。どういうふうにそれを解消、回避できたのか。これらのことを考えるためには、人間の誕生（あるいはその前）に戻って、そこから出発したほうがいいような気がする。

仏教の源流にこだわっていた伊東忠太、そしてそのお寺を僕に紹介してくれた人は、なぜそのようなこだわりを持っていたかははっきりわからない。でも、彼らのこだわりを見た僕は、その影響で物事をより包括的に捉えようと促されてきた。

この時代に、日本に戻ろうとしていた漂流民はほかにもいた。たとえば「音吉」。この人物は、同じく14歳の時に流されて助けられたが、万次郎より14年早く外国船に乗って日本に帰ろうとした。しかし、江戸や鹿児島に入港しようとしたところ、砲撃にさらされるという「歓迎」に出会い、しかたなく帰国を諦め、残りの生涯を「外」で送った。それなりに幸せをつかめたようだが、万次郎と比べてかわいそうに思える。

僕はと言えば……難破したわけではないが、万次郎や音吉と同じく漂流してきたと言えるだろう。そして一回、故郷に戻ることも試みた。その時は大砲という派手なものが待っていたわけではないが、風波《かざなみ》の関係か、うまく入港できず、また漂流生活に戻った。

ライフストーリーは、どちらかと言えば音吉型だな。今までのところは。

築地

⑥	⑤	④	③	②	①
聖路加ガーデン	**築地本願寺**	**築地寿司清 築地新館**	**鯨の登美粋**	**つきぢ味幸堂**	**築地山長**
東京都中央区 明石町8-1	東京都中央区 築地3-15-1	東京都中央区 築地4-13-5	東京都中央区 築地4-10-17	東京都中央区 築地4-14-1	東京都中央区 築地4-10-10

第11話　サンプルのテンプラ

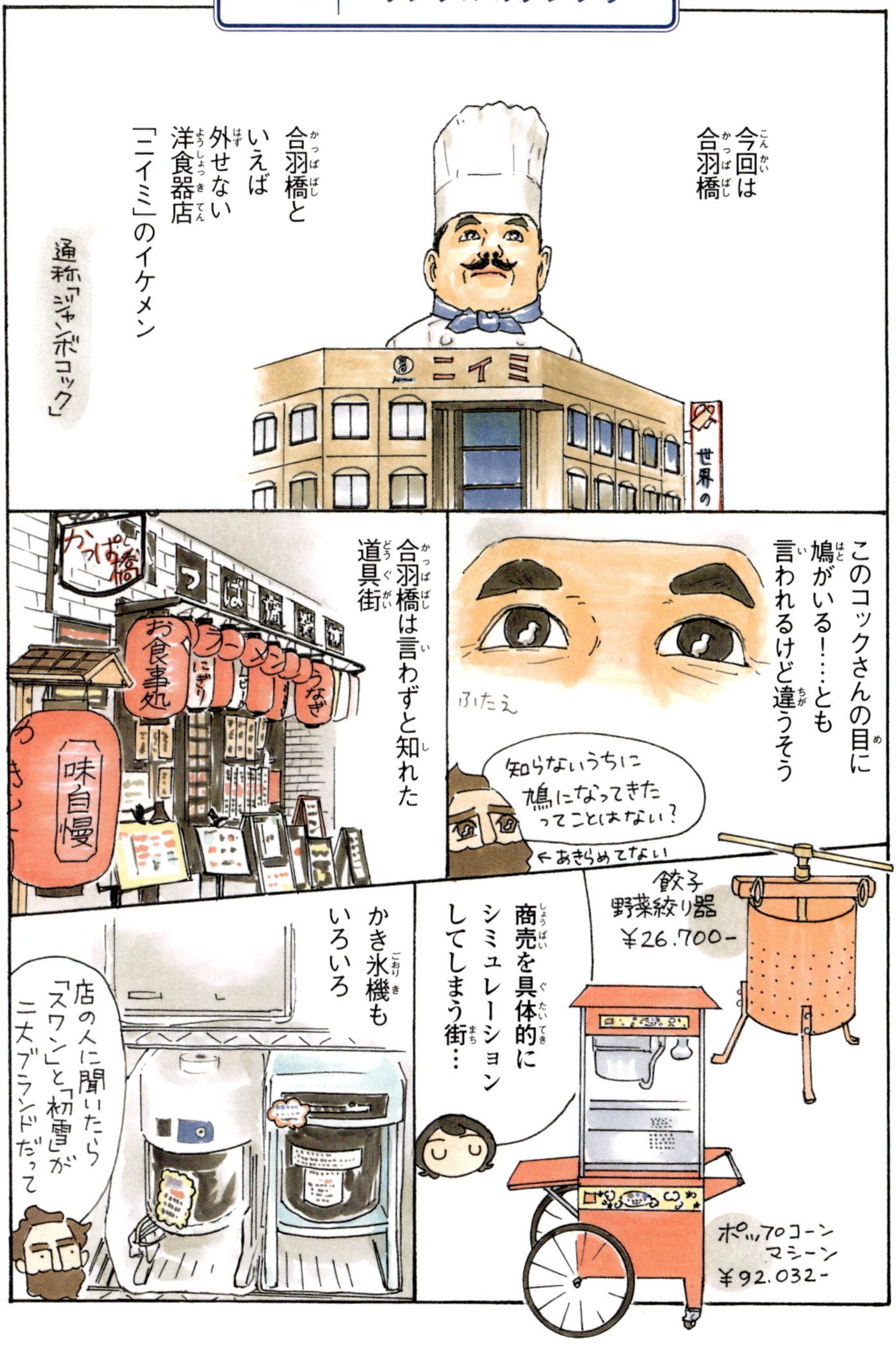

お弁当《べんとう》の容器《ようき》だ
日本は本当にバリエーションが多い
小《ちい》さなカフェ発見《はっけん》
あんみつ
おみやげ
氷か
あ かき氷《ごおり》
「甘味茶房 菊丸」
大《おお》きい!!
うまーい
「スワン」か「初雪」か…？
年々《ねんねん》抹茶《まっちゃ》が好《す》きになってきた
さて歩《ある》いていると
ソフトクリームと巨大寿司《きょだいずし》が落《お》ちている
そこが「元祖食品《がんそしょくひん》サンプル屋《や》」
小物入れ
食べかけハンバーガー
単語帳
鉛筆
昔《むかし》は蝋《ろう》でしたが今《いま》はビニール樹脂《じゅし》ですね
広報 黒川さん
だからグッズが作れるようになったんだ
名刺入れ
ハンバーグ&ピザ

でもソーダはゼラチンです
かき氷《ごおり》は？
それはヒミツなんです…
あるモノを削るんですが
それにしても日本《にほん》は「視覚化《しかくか》」がうまいんだよねー
マンガもそうだけど
独
日
そうだねドイツだとすべて文章《ぶんしょう》で説明《せつめい》されてたりする
今日《きょう》は蝋《ろう》のサンプル作《づく》りを体験《たいけん》
職人さんは蝋のほうが面白いって言いますねー
指導 豊住さん
小学校《しょうがっこう》1年生《ねんせい》からできますので大丈夫《だいじょうぶ》です
作《つく》るのは天《てん》ぷら2種《しゅ》とレタス
2つ選んでください
↑しいたけ
まずエビ天《てん》
顔《かお》の高《たか》さからスマートフォンくらいの大《おお》きさにジグザグたらしてください
紙コップ
とぽぽ
んー…エビとナスかな
どういう根拠《こんきょ》で？
ナス好《す》きだし…飛《と》び出《で》てるとこあるとゴーカだから
トニーは迷《まよ》ったあげく

集中《しゅうちゅう》すると低《ひく》くなってくるので気《き》をつけてください
低いと油っぽい天ぷらになります
ホントだ
そして
エビを乗せ
お湯に沈めてひっくり返し
形を整える
裏《うら》は見《み》えないので「表面命《ひょうめんいのち》」で！
ナスやピーマンはわざとまだらにして色《いろ》を見《み》せる
余分なところは指で取ってカロリーオフしてください
れんこんは好きなだけ穴をあける
最後《さいご》にレタスが大仕事《おおしごと》
白を流す
重なるように緑を流す
端を持って手前のほうに沈めていき…
では揺《ゆ》らしつつ上《うえ》にあげてください
もっともっとー
こ…こう!?
はい 葉脈《ようみゃく》出《で》てますねー
ぴろ〜…

では丸《まる》めてください
白い部分をふわっと寄せて…
左右に転がしながら優しくまとめる
不器用《ぶきよう》なはずのトニーも
まだいけます！もっともっと！
無事完成
これ失敗率《しっぱいりつ》高《たか》くないですか⁉
小1でもできます⁉
途中《とちゅう》で破《やぶ》れても丸《まる》める時《とき》フォローできますので…
そして講評《こうひょう》
レタスは切ってもらった
さおり
上品《じょうひん》なエビ天《てん》ですね…
レンコンもちゃんと穴《あな》があいていてお上手《じょうず》です
サクッとした天《てん》ぷらができましたね
高《たか》さとスピードがポイントです
トニー
あでも…
エビの時《とき》に背中《せなか》を閉《と》じようとされてたんですけど
外国《がいこく》の方《かた》は閉《と》じがちですね裏《うら》は関係《かんけい》ないと言《い》っても
あーなるほど「サンプル」がわかんなくて…
ってこの人20年住んでたけど…

あとエビを大《おお》きく見《み》せようとしないですね
これから天ぷらを初めて食べにいくって方もいますし
天《てん》ぷら界《かい》の常識《じょうしき》を知《し》らないで来《く》る！
大きめ大きめ大きめ
でも「シュリンプ」って「小《ちい》さい」って意味《いみ》だから…
大《おお》きくしたいなら「プラウン」って言《い》った方《ほう》がいいね
アメリカでのイメージ
Shrimp
Prawn
本物《ほんもの》のお惣菜《そうざい》のようにパックに入《い》れてもらって終了《しゅうりょう》
お昼《ひる》何《なに》にしようか
合羽橋
合羽橋
KAPPA・BASHI
「どぜう飯田屋《いいだや》」
あ「どじょう」いいね
どぜう
どぜう

鍋用ネギ
どぜう鍋
どぜう
どぜう蒲焼
どぜう味噌汁
おいしい！泥《どろ》くさくないし
「どぜう」って書《か》き方《かた》は駒形《こまがた》にある「越後屋《えちごや》」の初代《しょだい》助七《すけしち》さんが三文字《さんもじ》にしようって考《かんが》えたらしいね
四文字を嫌って
昔は「どぢやう」か「どじやう」
そういえばどじょうって腸《ちょう》でも呼吸《こきゅう》するんだって
音がするらしい
チュッ
水面
空気を吸って
腸で酸素を取り入れ
余った空気を肛門から出す
「オナラ」だがくさくない
英語《えいご》では「うつぼ」「うなぎ」「あなご」…全部《ぜんぶ》「イール」って呼《よ》ぶ
重要じゃないんだ
アメリカでもなまずを食《た》べる地方《ちほう》はあるけどね
アメリカのなまず漁《りょう》「ヌードリング」
穴や管を用意しておくとなまずが入る
そこへゲンコツをイン
ざばあ
かまれたりしてちょっとキケンです

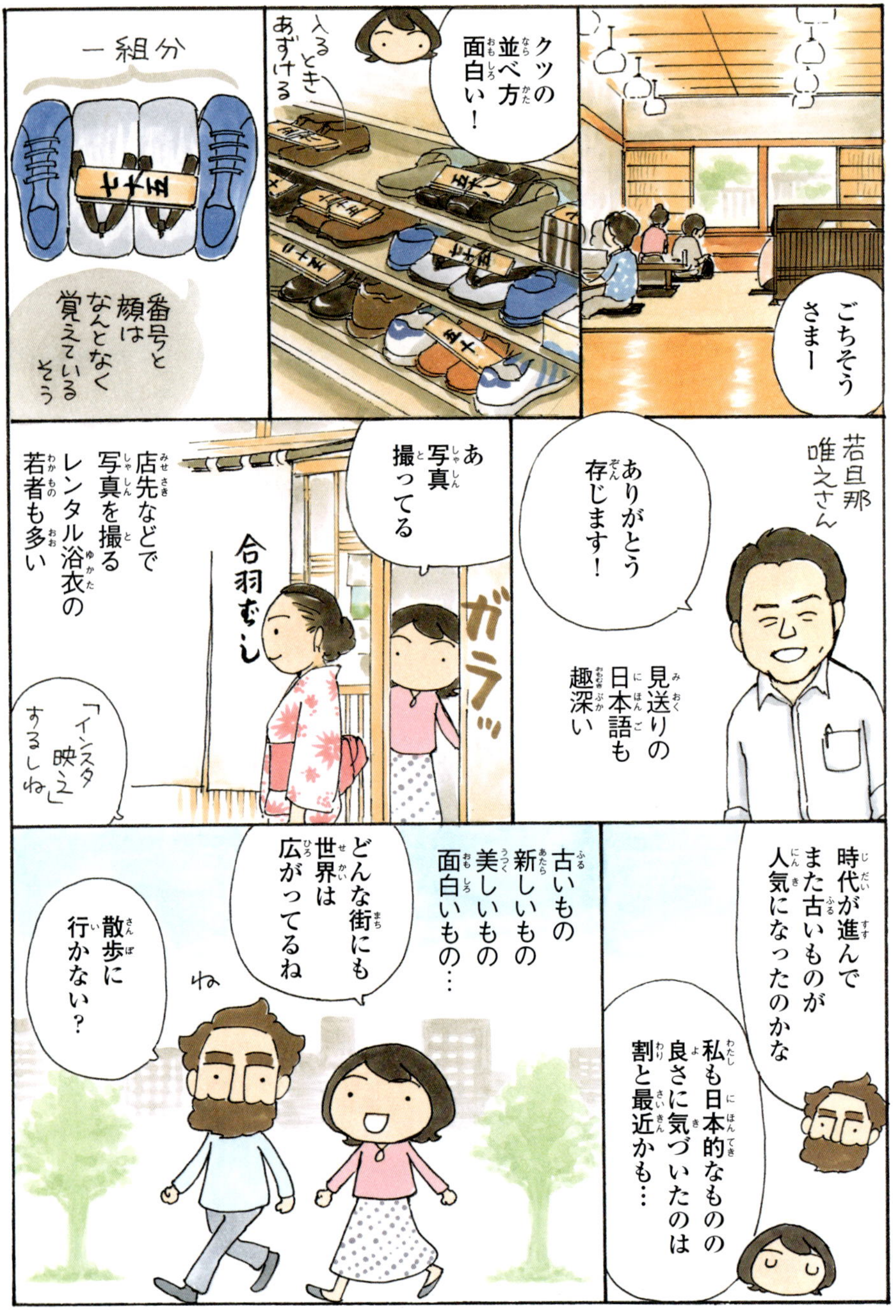
ごちそうさまー
クツの並《なら》べ方《かた》面白《おもしろ》い！
入るときあずける
一組分
番号と顔はなんとなく覚えているそう
若旦那唯えさん
ありがとう存《ぞん》じます！
見送《みおく》りの日本語《にほんご》も趣深《おもむきぶか》い
あ写真《しゃしん》撮《と》ってる
ガラッ
合羽むし
店先《みせさき》などで写真《しゃしん》を撮《と》るレンタル浴衣《ゆかた》の若者《わかもの》も多《おお》い
「インスタ映え」するしね
時代《じだい》が進《すす》んでまた古《ふる》いものが人気《にんき》になったのかな
私《わたし》も日本的《にほんてき》なものの良《よ》さに気《き》づいたのは割《わり》と最近《さいきん》かも…
古《ふる》いもの新《あたら》しいもの美《うつく》しいもの面白《おも しろ》いもの…
どんな街《まち》にも世界《せかい》は広《ひろ》がってるね
ね
散歩《さんぽ》に行《い》かない？

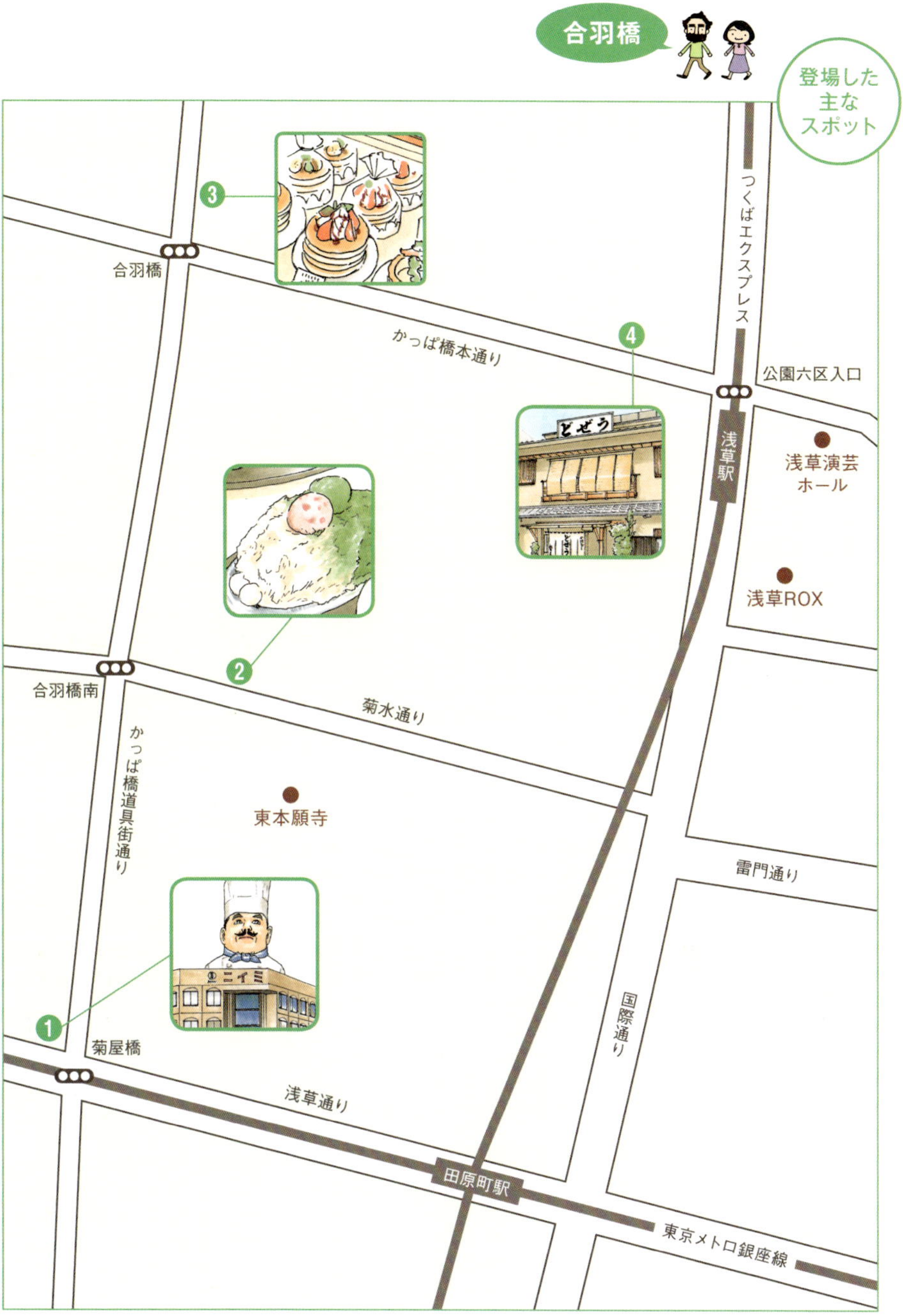

❹	❸	❷	❶
どぜう 飯田屋 東京都台東区西浅草3-3-2	**元祖食品サンプル屋 合羽橋店** 東京都台東区西浅草3-7-6	**甘味茶房 菊丸** 東京都台東区西浅草2-4-1 福島ビル1F	**ニイミ洋食器店** 東京都台東区松が谷1-1-1

百聞か一見か

元祖食品サンプル屋で売っているグッズは面白い。たとえば、有名な「フォークが宙に浮いているスパゲティ」を自分で作るためのキットがある。一瞬、それを買おうと思った。家に完成品を置くところがないことに気づくまでは……。代わりにキーチェーンを買うことに。トマトのスライスと握り寿司を一個ずつ。ちらっと見えるようにこれをポケットに入れて、会話のネタに困った時に出してみよう。そうすれば話が弾むようになるか、完全に止まってしまうか、どちらかだ。

今住んでいるベルリンでは、食品サンプルを目にすることはほとんどない。それはドイツの「文字を読ませる」こだわりと関係しているように思う。ドイツ人にとっても、レストランの店頭に模型があるほうが便利。でも、この社会では一般的に写真、イラスト、地図などは、日本に比べて少ない。画を通して

なまずだな、まずは

なまずを自分で釣って食べる人が、アメリカ南部には多い。中には餌を使わずに、手で捕まえる人も。

「初めて行った外国はアメリカ南部」。僕はたまに冗談でこう言うけれど、アメリカ合衆国は本当にいくつかの国からできているという気がする。ニュージャージー州出身の僕がアラバマやテキサスに行くと、「ヤンキー」（北部野郎）と呼ばれ、茶化されることがある。それもあって、自分が北部出身だと簡単にバレないようにそれなりに工夫をしてきた。たとえば、食生活。「なまずが嫌い」と言ってしまうと、疑いの目で見られてもしかたがない。だから、自ら「ヌードリング」をするまでではないが、たまになまずを食べるようにしている。

幸運なことに、「北の匂い」はそもそも濃くない。育ててくれた継母が南部出身だったからだ。黒豆やオクラのついでに、ときおりなまずも食卓に上った。

Tony's column

イメージを脳に与えることよりは、文字を通して脳にイメージを構築させることが好まれるようだ。
　これは食べ物に限った話ではない。日本で開かれたあるオクトーバーフェストを思い出す。ドイツ人によって開催されたもので、案内を見ると、そこにはイラストも写真もなく、あったのは文字のみ。あの賞、この賞をとった出演者はあの曲、この曲を演奏すると書いてあった。会場までの行き方も同じく、文字を読まないと行けなかった。
　日本の視覚情報中心のプレゼンがドイツで受けないかといえば、それは違うと思う。むしろ食品サンプルはきっとビジネスチャンスになるだろう。ただそれを導入した結果、ドイツ人の読解力が落ちてしまったらどうしよう。ひんしゅくを買う覚悟で、今から誰か、マーケティング調査をしてみてはどうか。

そのおかげで、自分は「今日、なまず食いたい」と本気で言えるようになっている、ちょっと「へんなヤンキー」だ。
　しゃべり方も注意すべき点の一つ。南部人から見れば、北部出身者は言葉が早すぎて、声がでかい。僕のしゃべり方がそうなっていないのも、やはり我が家の特殊事情のおかげ。僕が小学1年生の時、ペンのことを「ピン」と呼んでいた。先生の（やさしい？）指導のもと、「ピン」がしだいに仲間と変わらない「ペン」に直されたが、厳密に言えば「ピン」は間違いとは言えず、ただ南部の発音なだけだ。
　地方ごとに「ここだけの我が文化」があるのはいいことだ。僕は横から見ていて、それらを毎日、世界各地で楽しんでいる。そしてできるだけ、受け入れることにしている。「ヤンキー」だとバレないように。

特別編　都庁の「太陽」と「月」

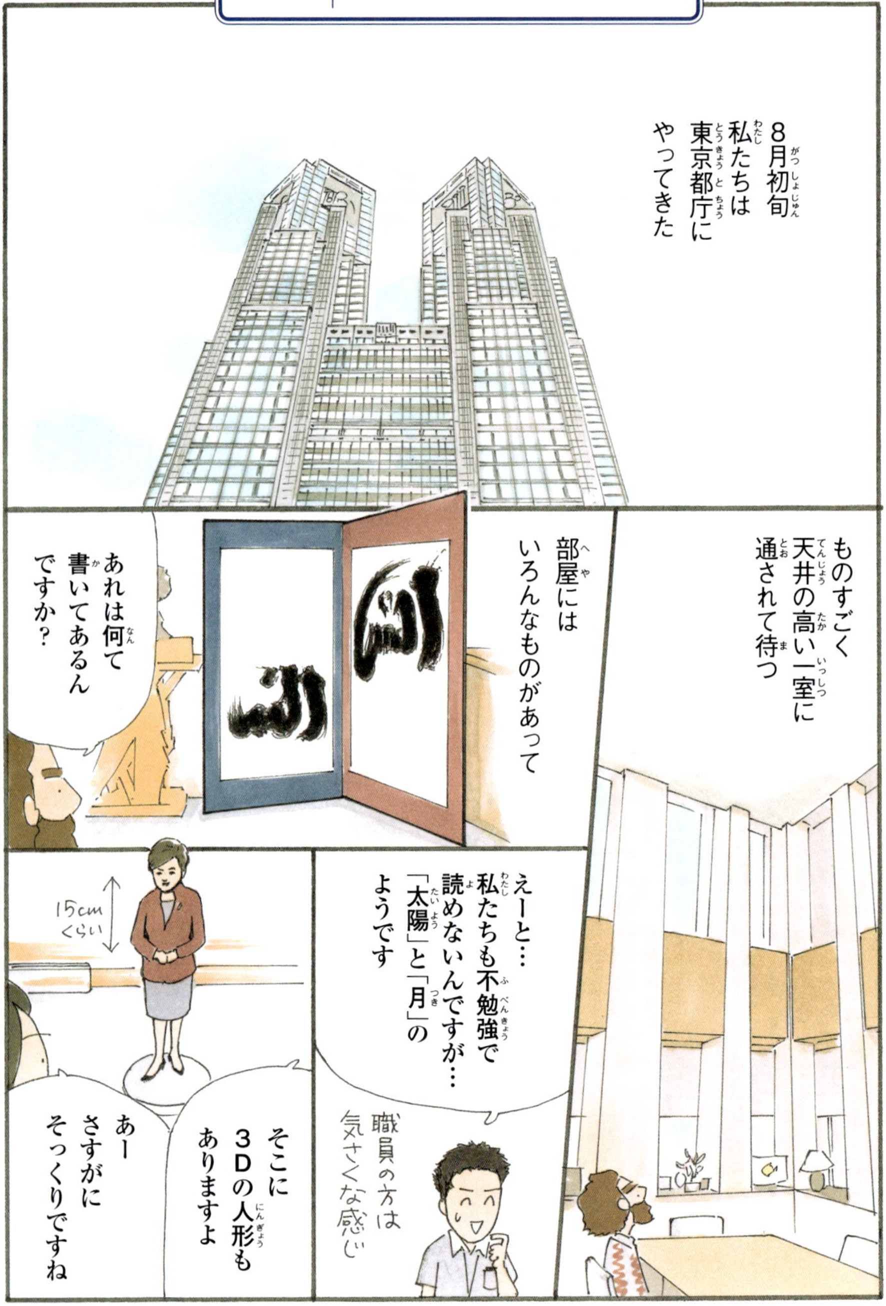

8月《がっ》初旬《しょじゅん》
私《わたし》たちは
東京《とうきょう》都《と》庁《ちょう》に
やってきた
ものすごく
天井《てんじょう》の高《たか》い一室《いっしつ》に
通《とお》されて待《ま》つ
部屋《へや》には
いろんなものがあって
あれは何《なん》て
書《か》いてあるん
ですか？
字にびんかん
えーと…
私《わたし》たちも不勉強《ふべんきょう》で
読《よ》めないんですが…
「太陽《たいよう》」と「月《つき》」の
ようです
職員の方は気さくな感じ
15cm
くらい
そこに
3Dの人形《にんぎょう》も
ありますよ
あー
さすがに
そっくりですね

そして
ご本人《ほんにん》登場《とうじょう》
小池百合子知事《こいけゆりこちじ》
初《はじ》めまして
私《わたし》たち今《いま》は
ベルリンに
住《す》んで
まして…
このような本を
「ダーリンは外国人」と
そのベルリン編
ベルリンは
ベンチャーが
盛《さか》んですね
外国《がいこく》の都市《とし》の
動向《どうこう》もご存《ぞん》じ
さっそく
東京《とうきょう》について
知事《ちじ》の
考《かんが》えられる
東京《とうきょう》の
よい面《めん》はどこ
でしょうか
「水《みず》も空気《くうき》もキレイ」
「車《くるま》が信号《しんごう》で止《と》まる」
「電車《でんしゃ》が遅《おく》れない」
ですね
日本《にほん》では
普通《ふつう》ですが
世界《せかい》では珍《めずら》しいと
思《おも》いますよ
ベルリンの電車《でんしゃ》は
時間通《じかんどお》りには来ません…
車は信号で止まりますが
東京《とうきょう》は
今《いま》も便利《べんり》ですが
さらに進化《しんか》していく
部分《ぶぶん》はどこですか？
Wi-Fiがかなり
普及《ふきゅう》しますね
例《たと》えばお年寄《としよ》りが
徘徊《はいかい》してもGPSで
探《さが》せるとか
太陽光《たいようこう》で発電《はつでん》する
ハイブリッド車《しゃ》が
できるとか…
再生可能エネルギーも
進みます

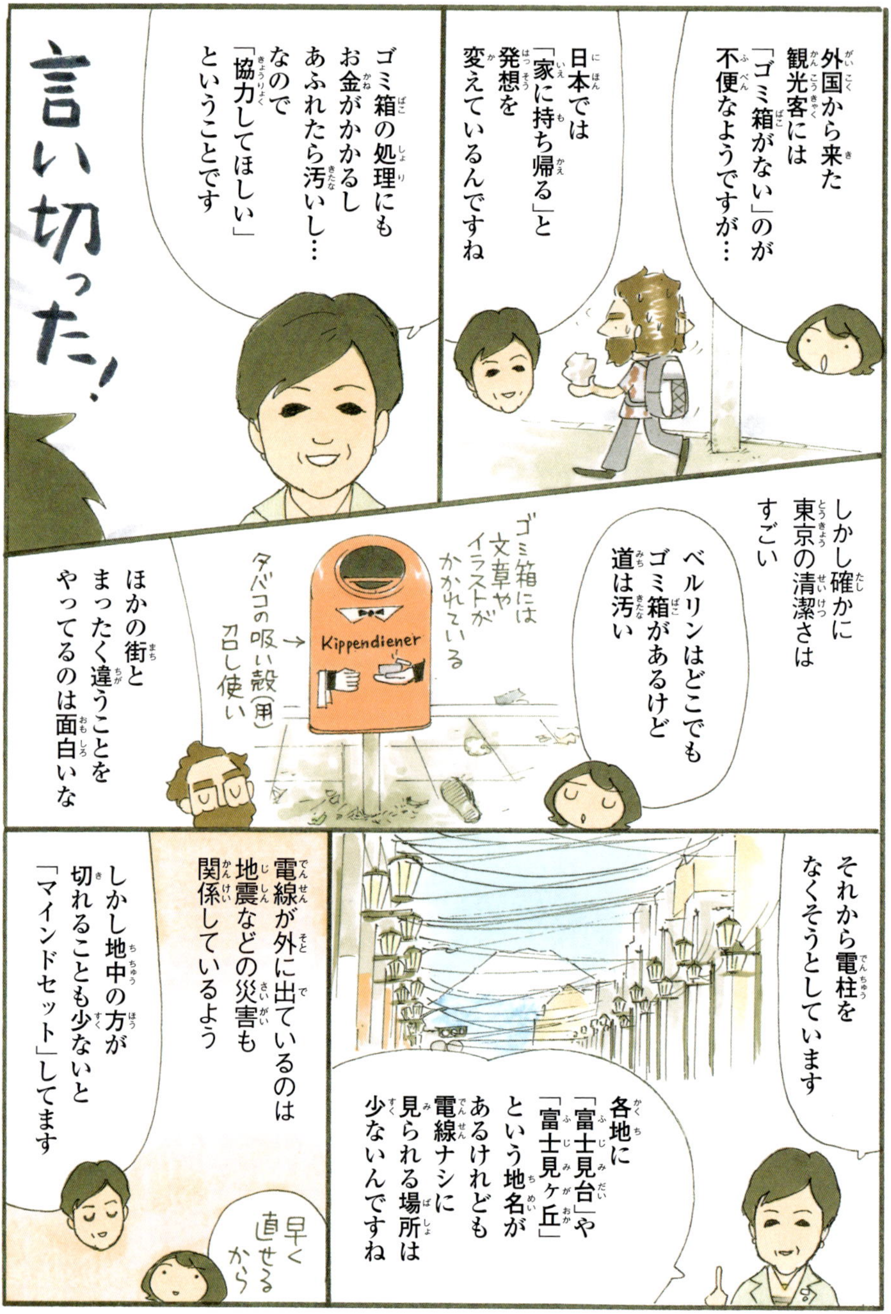
外国《がいこく》から来《き》た
観光客《かんこうきゃく》には
「ゴミ箱《ばこ》がない」のが
不便《ふべん》なようですが…
日本《にほん》では
「家《いえ》に持《も》ち帰《かえ》る」と
発想《はっそう》を
変《か》えているんですね
ゴミ箱《ばこ》の処理《しょり》にも
お金《かね》がかかるし
あふれたら汚《きたな》いし…
なので
「協力《きょうりょく》してほしい」
ということです
言い切った!
しかし確《たし》かに
東京《とうきょう》の清潔《せいけつ》さは
すごい
ベルリンはどこでも
ゴミ箱《ばこ》があるけど
道《みち》は汚《きたな》い
ゴミ箱には
文章や
イラストが
かかれている
Kippendiener
タバコの吸い殻(用)
召し使い
ほかの街《まち》と
まったく違《ちが》うことを
やってるのは面白《おもしろ》いな
それから電柱《でんちゅう》を
なくそうとしています
各地《かくち》に
「富士見台《ふじみだい》」や
「富士見ヶ丘《ふじみがおか》」
という地名《ちめい》が
あるけれども
電線《でんせん》ナシに
見《み》られる場所《ばしょ》は
少《すく》ないんですね
電線《でんせん》が外《そと》に出《で》ているのは
地震《じしん》などの災害《さいがい》も
関係《かんけい》しているよう
しかし地中《ちちゅう》の方《ほう》が
切《き》れることも少《すく》ないと
「マインドセット」してます
早く
直せる
から

東京《とうきょう》で写真《しゃしん》撮《と》るスポットは3つって言《い》われてますからね
パチンコ
パチンコ屋
回転式駐車場
電柱と電線
確《たし》かに私《わたし》もタイで電線《でんせん》撮《と》った…
すごすぎて
こんなに電線《でんせん》多《おお》いのなんて言《い》うか知《し》ってます？
え？
「でんせん病」
ウフッ
ギャグ
うんうんいいですね
けっこうダジャレ好きし
えーと「思《おも》い出深《でぶか》いスポット」はどこですか？
んー
というか今《いま》推奨《すいしょう》したいのは
島《しま》!!
島《しま》!?
小笠原とか？
ふんふん
意外と驚いてない
トニーは昔《むかし》何度《なんど》か八丈島《はちじょうじま》に行《い》っていたらしい
スキューバしに行《い》ってたねその頃《ころ》は役者《やくしゃ》やアーティストが住《す》んでて面白《おもしろ》かったよ

小笠原《おがさわら》もそうですし青ヶ島《あおがしま》や御蔵島《みくらじま》へのIターン《アイ》ですね
二重カルデラ
青ヶ島村
日本一人口が少ない
人口168人（2016年）
都心から約358km
御蔵島村
人口313人（2015年）
都心から約200km
イルカもいますよテレワークで仕事《しごと》できるようになってきてますしね
オリンピックの聖火《せいか》が島《しま》を通《とお》るって聞《き》きましたが…
実現《じつげん》したいですねー
えーと島以外《しまいがい》ではどこか…？
歩いていける…ところとか
いつも「明治神宮《めいじじんぐう》」をお勧《すす》めしてます
都会《とかい》のど真《ま》ん中《なか》に木《き》がうっそうとしていてオゾンがいっぱいでソウルフル
明治神宮《めいじじんぐう》は私《わたし》たちにとっても思《おも》い出深《でぶか》い
ジャリの音でよく寝た気がするあとアリやミノムシ観察したり
←日本には大きな木がなくこの柱は台湾からの輸入

ところで知事《ちじ》はご自身《じしん》に海外生活《かいがいせいかつ》の影響《えいきょう》があると思《おも》われますか？
大《おお》いにありますね
エジプト留学経験あり
いろんな国《くに》にお祭《まつ》りがあってお祭《まつ》りが文化《ぶんか》に影響《えいきょう》していると思《おも》いますが
アラブでは太陰暦《たいいんれき》なので毎年《まいとし》11日間《にちかん》早《はや》くなるんですね
1年
365日 365日 365日 365日
太陽暦
3年で約1ヶ月ズレる
約354日 354日 354日 354日
太陰暦
約354日 354日 384日 354日
太陰太陽暦
13ヶ月めの閏月
日本の旧暦 閏月で調整する
太陰暦《たいいんれき》だと体内《たいない》カレンダーがズレてくるわけです
例《たと》えば断食《だんじき》も今年《ことし》は5月末《がつまつ》からだったけど来年《らいねん》は5月半《がつなか》ばくらいになるんじゃないかな？
なるほど！
お盆が秋や冬になる感じ？
違《ちが》う時間《じかん》の流《なが》れで生《い》きてる感《かん》じなんですね
これは知事《ちじ》がお書《か》きになった「太陽《たいよう》」と「月《つき》」ですね？
そうそう

「アリフ」…？
最初の文字
読める!?
そういえばここ何日か勉強してたのアラビア語だったか!!
アリフ
バー
ター
サー
予習予習
巻き込まれていた息子
日本《にほん》の「陰陽《いんよう》」とは関係《かんけい》あるんですか？
陰陽
宇宙のすべてを「陰」と「陽」に分類する思想
ないです
形《かたち》の上《うえ》で書《か》きやすい造形《ぞうけい》…アートとして考《かんが》えてます
太陽
الشمس
(al sham)
月
القمر
(al kamar)
アラビア文字と書道は相性いいかも
あっという間《ま》に終了時間《しゅうりょうじかん》
最後《さいご》に！おこづかいに悩《なや》む息子《むすこ》からの質問《しつもん》ですが「知事《ちじ》さんのお給料《きゅうりょう》は何《なに》に使《つか》いますか」
知事のスケジュールは常に分刻み
何《なに》も使《つか》ってないし…前《まえ》の知事《ちじ》の半分《はんぶん》なので皆《みな》さんにおごってもらいたいです…
※知事報酬を半分にされている
お好《す》きなものをおごってもらってください
ありがとうございました

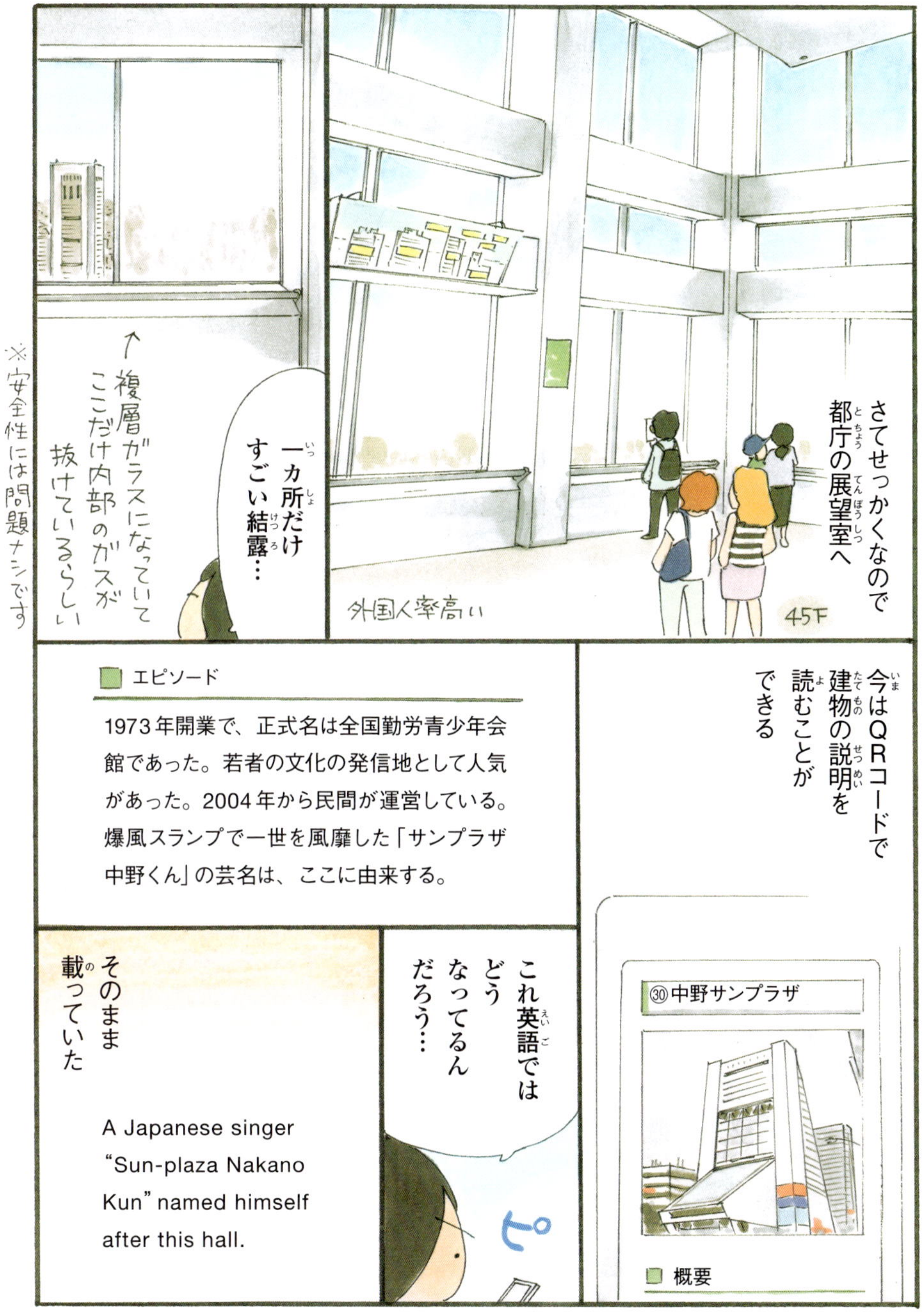
さてせっかくなので
都庁《とちょう》の展望室《てんぼうしつ》へ
外国人率高い
45F
一カ所《いっしょ》だけ
すごい結露《けつろ》…
↑複層ガラスになっていて
ここだけ内部のガスが
抜けているらしい
※安全性には問題ナシです
今《いま》はQRコードで
建物《たてもの》の説明《せつめい》を
読《よ》むことが
できる
㉚中野サンプラザ
概要
エピソード
1973年開業で、正式名は全国勤労青少年会館であった。若者の文化の発信地として人気があった。2004年から民間が運営している。爆風スランプで一世を風靡した「サンプラザ中野くん」の芸名は、ここに由来する。
これ英語《えいご》では
どう
なってるん
だろう…
ピ
そのまま
載《の》っていた
A Japanese singer “Sun-plaza Nakano Kun” named himself after this hall.

1912年(大正元年)8/1～2016年12/31まで

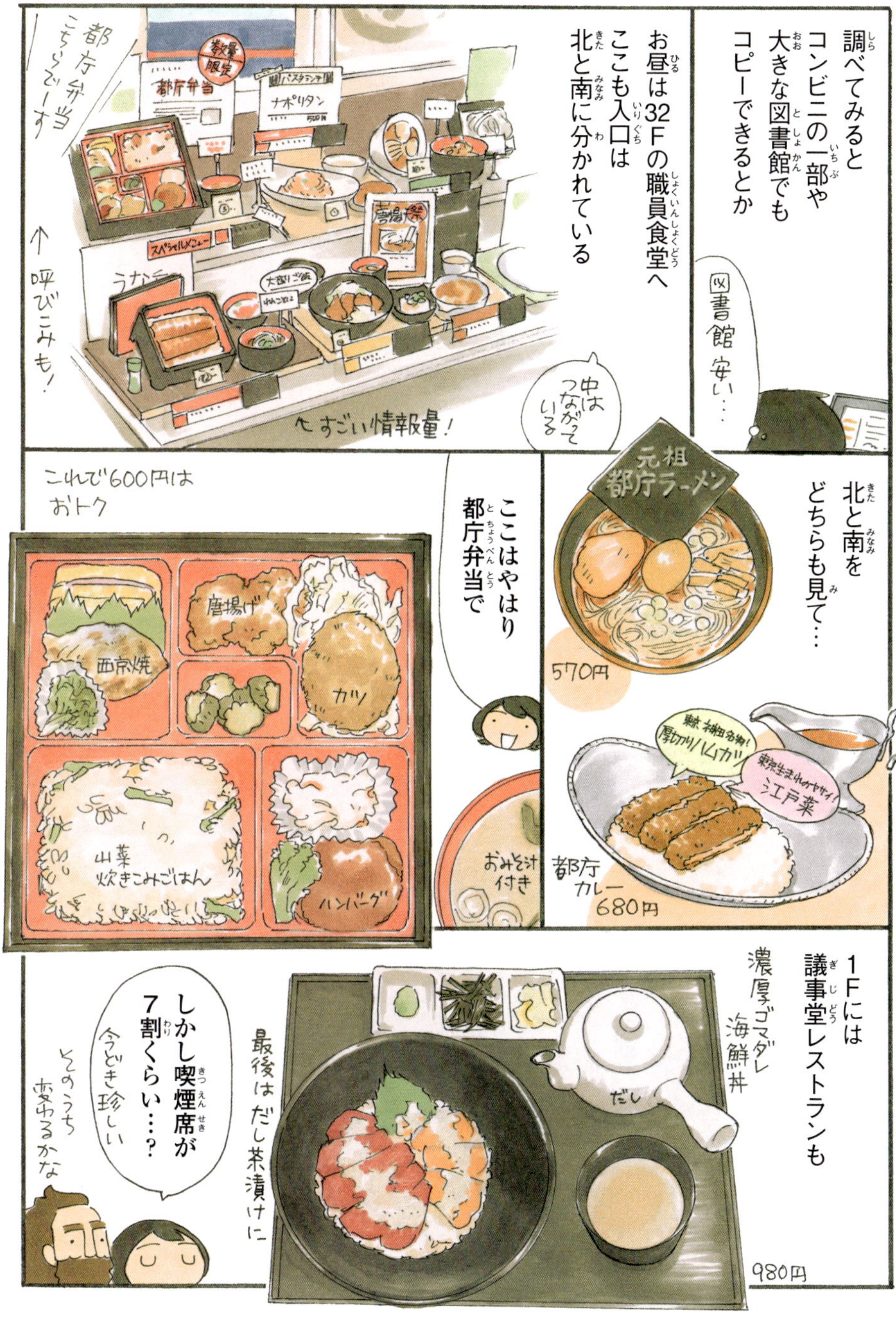

調《しら》べてみると
コンビニの一部《いちぶ》や
大《おお》きな図書館《としょかん》でも
コピーできるとか
コンビニは片面5００円
図書館安い…
お昼《ひる》は32Fの職員食堂《しょくいんしょくどう》へ
ここも入口《いりぐち》は
北《きた》と南《みなみ》に分《わ》かれている
中はつながっている
都庁弁当こちらでーす
数量限定
都庁弁当
パスタランチ
ナポリタン
スペシャルメニュー
唐揚げ祭
↑呼びこみも!
↑すごい情報量!
北《きた》と南《みなみ》を
どちらも見《み》て…
元祖都庁ラーメン
570円
東京・神田名物! 厚切りハムカツ
東京生まれのやさい! 江戸菜
都庁カレー
680円
ここはやはり
都庁弁当《とちょうべんとう》で
これで600円は
おトク
唐揚げ
西京焼
カツ
山菜
炊きこみごはん
ハンバーグ
おみそ汁付き
1Fには
議事堂《ぎじどう》レストランも
濃厚ゴマダレ海鮮丼
だし
980円
最後はだし茶漬けに
しかし喫煙席《きつえんせき》が
7割《わり》くらい…?
今どき珍しい
そのうち変わるかな

4Fのカフェテリアは
オシャレカフェっぽいけど安い
コーヒー100円
カフェラテ 200円
キャラメルマキアート 260円
濃厚野菜フルーツミックスジュース 370円
チーズケーキクロワッサン 150円
150円 抹茶チーズケーキクロワッサン
ももパン 160円
バターチキンカレーパン 160円
どれもおいしい
しかし気《き》になったのは
限定 スペシャルメニュー
ワニの唐揚げ Crocodile ¥700
カンガルーのケイジャングリル Kangaroo ¥750
ダチョウのミニステーキ Ostrich ¥800
カンガルーも輸入《ゆにゅう》されてるんだ!!
どれも前に食べて結構おいしかったけど
都庁《とちょう》の展望室《てんぼうしつ》は夜《よる》11時《じ》まで
食堂《しょくどう》も夜《よる》はお酒《さけ》が出《で》て「飲《の》み放題《ほうだい》」とかやってるって意外《いがい》
おトクらしいよ
いつか「都庁《とちょう》でカンガルー」実現《じつげん》できるかな?

Tony's column

アキバな話

東京都知事はたぶん立場上、個別に場所を勧めるのが難しいだろう。そこで、代わって僕が。

「どこに行けばいい？」

初めて観光に来た外国人から簡単にこう聞かれると、簡単にこう答える。

「秋葉原に行け。秋葉原の電気街へ」

電気製品に興味がなくても行く価値はある。目的は買い物ではなく、「買い物ウォッチング」だ。

この間、12、13歳の子どもが古くからある電子部品屋さんの前で立ち止まっているのを見かけた。いかにも「いい加減に帰ろうよ」という感じの、その隣にいた母親らしき人に聞くと、「息子がラジオを作りたいって言うのよ」と。熱心に質問し、交渉する少年。辛抱強く応対する店員。なぜか不満顔のお母さん。

自分は画家でもないのに、突然この一場面を描きたくなった。タイトルは――もちろん「秋葉原」。この街のこの雰囲気はなくなってほしくない。

同じくこの界隈に、ハンダ付けなどの電子工作技術を教える工房が最近できた。また、作ったり集めたりしたガジェットを売りたい人を対象に、棚スペースを貸してもらえる店もある。さっきの少年が必要としているものは揃っているではないか。

始まりから終わりまで「ものづくり」を支える街、秋葉原。その進化を確かめに、たまにそこへ足を運びたい。夕暮れになったらカレーを食べ、コーヒーを飲んで帰ろう。

本書はDIME（2016年12月号～2017年10月号）の連載を大幅に加筆・修正し、描き下ろしを加えたものです。店舗や商品などのデータは取材当時のものです。

ダーリンの東京散歩　歩く世界

2018年1月27日　初版第1刷発行

著　者　小栗左多里　トニー・ラズロ
発行人　水野麻紀子
発行所　株式会社小学館
〒101-8001
東京都千代田区一ツ橋2-3-1
編集　03-3230-5931
販売　03-5281-3555

印刷所　大日本印刷株式会社
製本所　株式会社若林製本工場

ISBN978-4-09-346092-7